ユダヤ人とローマ帝国

大澤武男

講談社現代新書

プロローグ

本書は、ユダヤ人とローマ帝国、古代キリスト教会との関連を辿ることによって、古代社会における反ユダヤ思想の形成過程を明らかにしようとするものである。

反ユダヤ思想、広義のアンティセミティズムは、単なる中世や近代の産物でもなければ、ましてや現代のナチズムが生み出したものでもない。その根は一段と深く、現代にまで通じる反ユダヤ的言動や思想は、その多くがすでに古代ローマ時代に見出されるのである。

例えば、シナゴーグ（ユダヤ教の会堂）の襲撃、破壊、放火、ユダヤ人に対する数々の規制、差別、暴力、攻撃、財産の没収、ユダヤ人との結婚や交際、性交などの禁止、公職からの締め出し、追放、キリスト教の祝祭日における外出の禁止等々は、すでにみな古代に見られると同時に、そのほとんどがまた現代のナチ体制下で見られた現象である。

もちろん、各時代におけるこれらの諸点は、その発想や背景、意図などにおいて異なってはいるものの、それらの現象の類似性には見過ごし難いものがある。

しかしながら、古代ローマ時代に形成される反ユダヤ思想や言動が、中世から現代にまで通じる根源的な要素を持ち合わせていることは、意外と知られていない。

　本書は、古代ローマ時代に見られる反ユダヤ的な思想や傾向を明らかにすることにより、現代における反ユダヤ思想の根源やユダヤ人論争についての理解を深める助けとなることを願うものである。


　一九九九年の年の瀬も迫った十二月中旬、ドイツ連邦政府とドイツの企業群は、第二次大戦中にナチ体制下で強制労働を強いられた犠牲者に対し、百億マルク（当時のレートで約五千億円）の慰労補償金を支払うことを決定した。

　国際法的に見て支払い義務がないにもかかわらず、ドイツ政府とドイツの企業側は、人道的（モラーリッシュ）な義務感から、そうした膨大な額の支払いを決意したのである。ドイツ側のこの「人道的義務感」が、とりわけユダヤ人犠牲者に向けられていたことについては、何人も疑う余地がない。そこには二〇世紀に生起したドイツ民族の汚名を、二〇世紀のうちに少しでも消し去り、決着をつけたいというドイツ政府側の心遣いと焦りがひしひしと感じられた。

　終戦から五十四年後にドイツ側の罪の意識からこうした善処の意思表示がなされた一方で、翌年に入ってまもない二〇〇〇年の春、アメリカのユダヤ人歴史家N・G・フィンケルシュタインが著した『ホロコースト・インダストリー』が、欧米諸国のみならず、中米、中近東などにおいても、第二次大戦中のユダヤ人犠牲者の問題をめぐって、大論争を巻き起こした。

フィンケルシュタインの主張するところによれば、「ユダヤ人の代表を自称するインテリのグループが、犠牲者の名を利用して莫大な金をドイツから取り立てようとしている」というのである。つまり「ホロコースト」の悲劇が、ユダヤ人団体によってドイツを恐喝するための道具とされ、犠牲者のことが忘れられて、一種の商取引に転落してしまっているというのだ。したがって「ユダヤ人の代表を自任しているアメリカやその他の国のユダヤ人団体と、いかなる取り決めもしてはならない」。否、それればかりではない。両親は生き残ったが親族のほとんどをナチスに殺された過去を持つこのユダヤ人史家は、「そうしたユダヤ人の恐喝団体は、犯罪者集団として裁判にかけられるべきだ」とさえ言い切っている（『世界』紙二〇〇一年二月六日付）。

こうした批判に対し、フランクフルト・ユダヤ人センター会長のサロモン・コルン氏は、「ドイツ政府が、ナチ時代に強制労働を強いられた犠牲者に百億マルクの補償金を支払うというが、そんな額は嘲笑したくなるほど微々たるものだ」と反論している。

以上は、現今のユダヤ人問題をめぐる論争のほんの一端を紹介したにすぎない。終戦後、半世紀以上を経た今日でも、このテーマをめぐる問題は山積されている。それは「ユダヤ人」というテーマが、ヨーロッパの精神史、社会史、政治史などの諸問題と深く関わりつつ、その波紋を世界中に(例えばイスラエルとパレスチナの問題など)広げているからである。

そうした現代的意識と議論を踏まえた上で、本書では、ローマ時代におけるユダヤ人と他民族、キリスト教との関連を考察することによって、古代における反ユダヤ思想の源泉とその形成過程を探ってみたい。それは、現代の論争に対する理解を深めるためのさまざまな示唆を与えてくれるに違いないからである。

目次

第1章　前史——ユダヤ民族と古代社会

カエサルの神殿跡に立つカエサル像。神君カエサルは古来から容認されてきたユダヤ人の数々の特権を再確認し、ユダヤ教の慣習に従って生きることを認めた

ユダヤ人の起源

旧約聖書のモーゼ五書が伝えているように、ユダヤ民族の先人、イスラエルの民は、紀元前二〇世紀の前半に歴史の舞台に登場する。旧約聖書の叙述がどこまで歴史事実と一致するかは問題であるが、「ユダヤ人の起源」を知る上で、旧約聖書に勝る伝承、記述はない。そして、およそ古代民族の歴史について、ユダヤ民族の伝承ほど鮮明な像を今日のわれわれに与えてくれるものはなく、古代ギリシャ、ローマなどの起源伝承も、ユダヤ民族のそれにははるかに及ばない。

ユダヤ人歴史家フラウィウス・ヨセフス（紀元後三七／三八～一〇〇頃）の記述から、ユダヤ民族の原住地となったパレスチナ周辺の諸民族、エジプト人、カルディア人、フェニキア人などが、ユダヤ人の起源や初期の歴史について記述を残していたことが明らかであるが、それらはほとんどすべて失われていて現存しない。ユダヤ人の起源はやはり、旧約聖書の伝承に頼るより他はないのである。

ユダヤ民族は自らの祖先を、オリエント文明の主人公であったセム系の人種であると信じていた。その中でも西セム族に属するとされ、彼らは紀元前二〇～一九世紀以降、古代オリエント地方、メソポタミアの平原からユーフラテス河を渡り、西へ移動してシリアの荒野をさまよった後、豊饒な地カナン（パレスチナ、現在のイスラエルの地）へ移住したとされている。ユダヤ人の別名として最も古い呼称《ヘブライ人》とは、《河（ユーフラテス）の向こうからやって来た人々》という意味を持ち（別の意味もあるが）、荒野から沃地へと入り込んできた外来者としての遊牧民を指す一般的な名称として用いられていた。また旧約聖書の用語法において、ヘブライ人という呼称は、常に異民族から自己を区分し、選民としての自己を表現する言葉としても用いられている。このようにユダヤ人は、その由来が明らかになった当初から、すでに移動、移住、放浪の民としての特徴を持っており、一方、自己の存在を他の民族からはっきりと区分し、主張するといった特有の生き方をしていたことが知られる。

ヘブライ人という用語と並んでユダヤ人の別名である《イスラエル人》とは、ユダヤ民族が自らを表示するために用いた名称である。すなわち、自分達の神《エール》である《ヤハウェ信仰》に基づいて結合された宗教的部族集団が《イスラエル》なのである。こうしたヤハウェの神への信仰で結ばれた民としてのイスラエル人の名称は、紀元前一三世紀中頃以降、つまり唯一神ヤハウェに対する信仰が成立するモーゼ時代以降、ユダヤ民族を指すものとして現れる。

一方、時代が下り、ソロモン王の死（前九二八）後、イスラエル民族の王国は南のユダ王国（前九二八〜前五八六）と北のイスラエル王国（前九二八〜前七二二）に分裂するが、約三百五十年にわたり存続したユダ王国がバビロニアに滅ぼされた際、バビロニアの捕囚となったイスラエル民族の上層階級を指して、《ユダヤ人（ユダ王国の人たち）》という名称が用いられるようになっていった。そして、ヘブライ人やイスラエル人という名称以上に、ユダ王国の民としてのユダヤ人という呼称が一般化し、支配的になっていったのである。

古代ギリシャ世界でのユダヤ人に関する最も古い証言は、アリストテレスの弟子テオフラスト（前三七二／三七一〜二八八／二八七）により伝えられているが、そこではすでにはっきりとユダヤ人（ユダイオイ＝Ἰουδαῖοι）という名称で記されている（K・L・ネートリッヒス『ユダヤ教とローマ帝国』一〇及び五九ページ参照）。

ローマ共和政期にユダヤ民族とローマ人の接触がはじまり、ローマ側がユダヤ人の存在を意識するようになった紀元前二世紀には、ユダヤ人（ユディ＝Judaei）の名称はすでに一般化していた。

以上見てきたように、ユダヤ民族を表示するヘブライ、イスラエル、ユダヤの名称は、それぞれ発展史的な意味を持っているが、これら三通りの呼称は決して失われることなく、その時々の場や事情、意図などにより使い分けられ、存続していったのである。しかしながら、古代のギリシャ・ローマ世界がユダヤ民族の存在を意識し、関心を示すようになっ

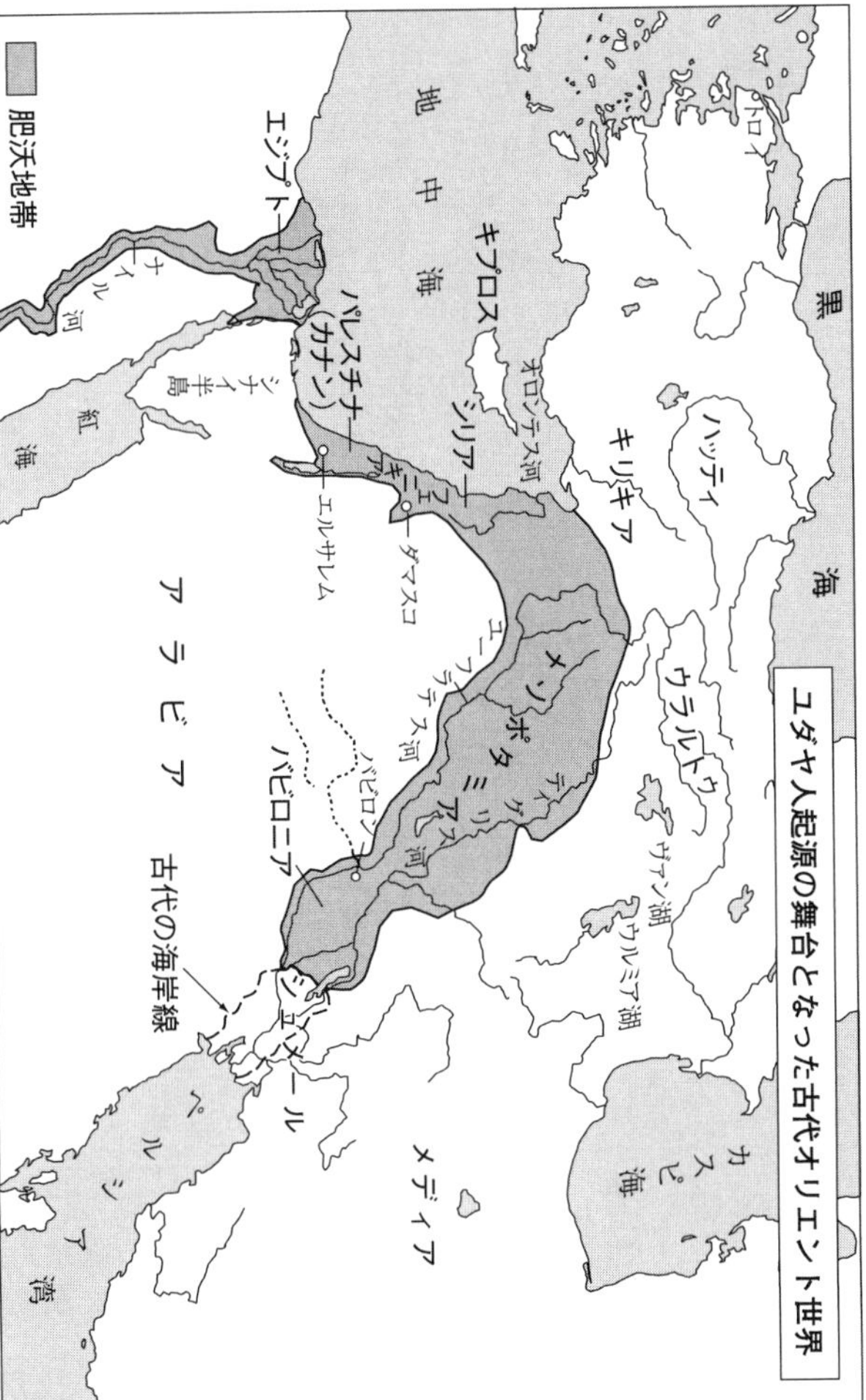
ユダヤ人起源の舞台となった古代オリエント世界
肥沃地帯
黒海
トロイ
地中海
キプロス
エジプト
ナイル河
シナイ半島
紅海
パレスチナ（カナン）
シリア
オロンテス河
キリキア
ハッティ
ウラルトゥ
ヴァン湖
ウルミア湖
カスピ海
メディア
エルサレム
ダマスコ
ユーフラテス河
ティグリス河
メソポタミア
バビロン
バビロニア
シュメール
古代の海岸線
アラビア
ペルシア湾

た紀元前四〜前二世紀においてはすでに、彼らの呼称はユダヤ人として一般化していたことがわかる。

早くも旧約時代に絶滅の陰謀

バビロンの川岸に坐し、
シオンを思いつつ、われらは泣いた。……
われらを捕えた者が、
そこで、われらに歌を求めた。
しいたげる者が、愉快な歌を、
「シオンの歌を、うたえ」といった。
どうして、主の歌をうたえよう。
異国の地にあって！
エルサレムよ、もし私が、あなたを忘れたら、
私の右手がきかなくなり、
私の舌が上あごにつくように……（旧約聖書「詩篇」一三七の一〜六）。

旧約聖書に収録されているこの詩篇の一節は、ユダ王国が滅ぼされて、民族の指導者や上層階級がバビロン捕囚となっていた時（前五八六～前五三八）に生まれたものであり、ユダヤ民族のシオン（エルサレムの別名で、神殿のある至聖所を指す）への忘れがたい思いが表現されている。ユダヤ人のシオンに対する憧憬《しょうけい》の念は、その後、約二千五百年にわたり、世界に四散したユダヤ人を相互に結びつける、この上ない絆《きずな》となっていくのである。

ペルシャのキュロス王とユダヤ人

古代ペルシャ帝国を築いたキュロス王（在位前五五九～前五二九）は、支配地域の秩序と平和を回復するため、帝国内各地にあるユダヤ教の神殿や聖所を復興するとともに、バビロン捕囚によって離散（ディアスポラ）状態にあったユダヤ人が、パレスチナの地へ帰還することを許した。それは、ユダヤ民族の信仰と心のふるさとであるエルサレムの神殿を再建させることにより、パレスチナを中心にオリエント一帯に散在するユダヤの民から支持を獲得しようという、ペルシャ王の政策から出たものであった。

パレスチナへ帰ったユダヤ人は、紀元前五一三年三月に大いなる感激をもってエルサレムの神殿再建を祝った。しかしユダヤ人の中にはパレスチナに帰還せず、ペルシャに留まったものも少なくなく、中には帝国の首都スーサで王室に仕える者すらあった。

その一人にモルデカイというユダヤ人がいた（旧約聖書「エステルの書」による。ただし同書は伝説であり、史実であるかどうかは疑問）。彼は時のペルシャ大王アハシュエロス（クセルクセス一世＝在位前四八六～前四六五＝と思われる）の信任が厚かった。

ある日、モルデカイは宮廷内に王を倒そうとする陰謀があることを知り、それをアハシユエロスに伝えて王を救い、側近に登用された。ところが王に気に入られていたハマンという重臣は、陰謀に失敗して処刑された者の仇《あだ》を討とうとして、モルデカイとユダヤの民に仕返しをする機会を狙っていた。ハマンは、王により家臣として最高の地位に挙げられると、自分の権威にひれ伏そうとも、敬意を示そうともしないユダヤ人モルデカイに対してひどく怒った。そして独自の神への信仰とその戒律の厳守にこり固まっているユダヤ人は危険であると感じ、ペルシャ全土に散在しているユダヤ民族を全滅させようと企んだのである。

アハシュエロス王にハマンは言った。
「あなたの国の諸州には、民々の中に散りながら、しかしそれとは別に生きている民があります。彼らの律法は、他の民のとは異なり、王さまの法律も守りません。彼らを平和に生きさせることは、王さまのためになりません。王さまがもしよいとお思いになるなら、この者達を滅ぼすために一筆お書き下さい」と（「エステルの書」三章八～九）。

王の了解を得た重臣ハマンは、ペルシャ帝国のすべての州の総督に書簡を送り、ユダヤ民族の子どもから老人に至るまで、男も女も、すべてのユダヤ人を滅ぼし、根絶し、彼らの財産を奪い取ることを命じたのである（同書三章一二～一三）。

女、子どもも含め、すべてのユダヤ人を根こそぎにし、その財産を奪い取るというこの命令と思想には、早くもナチス・ヒトラーによる大量虐殺を思い起こさせるものがある。

インドからエチオピアまで全ペルシャ帝国百二十七州の総督に対する告知は、また次のように述べている。

ある反逆的な民が、世界のすべての民の中にまじっており、その民の律法は、ほかのすべての民の法律に相反している。……この民だけが、全人類とたえず悶着を起こし、法にそむいて生き、秩序ある国の安定にさからい……（私は）あなたたちにこの勅令を出す。指定したもの（ユダヤの民）はみな、女も子どもも例外なしに、あわれみも容赦もなく……徹底的に全滅され、取り除かれるようにと定める。それは、今までの、また現在のこの敵どもを、一日で、力尽くで、冥土に投げ落とし、今からのち、国の安定と平和を（王が）保障するためである（同書三章一三）。

旧約聖書の「エステルの書」に見られるユダヤ人絶滅思想については、以上の引用で十分であろう。

ペルシャ帝国の王をそそのかして、重臣のハマンが仕組んだユダヤ民族皆殺し令に対し、ユダヤ人モルデカイは次のような揺るぎない確信をヤハヴェの神にもらすのである。

私が高慢なハマンの前にひれ伏そうとしなかったのは、
無礼や傲慢や野心のためではなかったことを、
主よ、あなたはご存じです。……
私が、あのようにしたのは、

人間の栄光を、神の光栄の上におくことを拒んだからなのです。
主よ、あなた以外のだれの前にも、
私はひれ伏しません。
私がそのようにするのは、
傲《おご》っているからではありません。……
主よ、あなたの民を惜しんでください。
私達の滅びが企てられ……
全滅されようとしているのです。……
私達を生き残らせ、
主よ、あなたの御名を賛美させて下さい（同書四章一七）。

このモルデカイのヤハヴェの神に対する嘆願は聞き入れられることになる。つまり、モルデカイにはことのほか美しいエステルという姪があり、早くして両親を亡くしたエステルを彼は自分の娘のように育てていた。エステルの絶世の美貌はペルシャ王の目のとまるところとなり、エステルは王のこの上ない寵愛を受ける。そしてエステルの王へのとりなしにより、全ペルシャ帝国のユダヤ人を絶滅させようと企らんだ重臣ハマンの計画は水泡に帰し、ハマンは処刑された。抹殺を命じた勅令は無効とされ、ユダヤの民は救われることになるのである。

　こうした旧約聖書「エステルの書」に見られるユダヤ人を全滅させようという思想の根拠は、いったいどこにあったのであろうか。

　まず「エステルの書」からすぐ読み取ることができるのは、ユダヤの民が自分達の唯一の神なるヤハヴェ以外の権威には、ひれ伏すことも、従うこともしないという断固たる姿勢を貫いており、そしてまた独自の神の戒律、掟を守って生きていたということである。さらに「エステルの書」には、ユダヤ民族が割礼を受けていない者とともに生きることを極度に嫌い、それを避けていること、自分達だけの内輪の生活集団を形成していること、したがってそうした民を全ペルシャ帝国内に生存させておくことは危険であり、王の権威や法に従わず、平和を乱す事態にもつながるとの懸念が他民族の間にあったことを伝えている。そしてそれゆえ、そうした民は滅ぼして、彼らの財産を奪い取り、根こそぎにしてしまうことが望ましいとの考えが表れてきたことが記されている。

　ここには早くも、他に同化せず、自らの伝統、習慣、信仰を守り通そうとする、ユダヤ民族の歴史を一貫する態度が語られているのである。

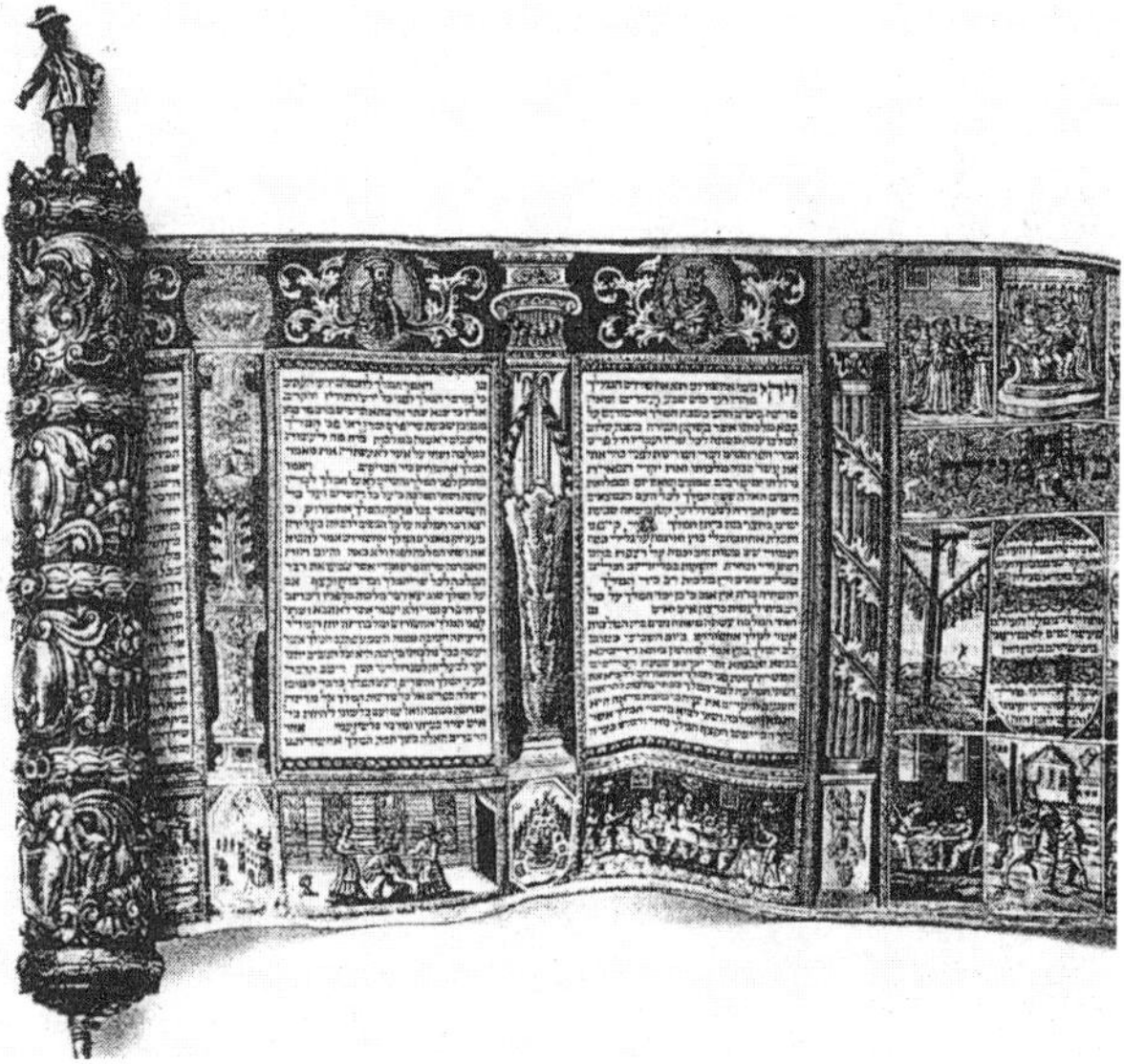

挿絵入り旧約聖書「エステルの書」羊皮紙（18世紀中頃のもの）

ヘレニズム時代にも皆殺し計画

ユダヤ民族はまた、紀元前二世紀にヘレニズム世界との対決を迫られることになる。

アレクサンドロス大王の東征（紀元前三三四以降）により、ギリシャ人がオリエント各地に入植し、活動するようになった結果、古代オリエントとギリシャ文化の融合が生まれ、大ヘレニズム文化圏が形成された。

このギリシャ人の東方進出以来、ユダヤ民族の存在も西方のギリシャ世界に意識されるようになり、オリエント地方一帯に四散していたユダヤ人のヘレニズム化も次第に進展していった。アレクサンドロス大王の死後、ユダヤ人の拠点パレスチナは、セレウコス王朝の支配下で、シリア及びフェニキアの属州の一地域となり、強力なギリシャ文化の波にさらされることになる。

しかし、当時のユダヤ人はバビロン捕囚から解放され、パレスチナへ帰還して、かつてのソロモン王のエルサレム神殿を再建して以来、宗教的に寛容なペルシャ帝国支配下で、祭司によって指導される神政共同体を形成していた。そしてユダヤ民族の神政共同体は、ヘレニズム時代にも、彼らの結束を固める自治組織として存続していた。

ところが、シリアのアンティオコス四世エピファネス（在位前一七五～前一六三）は、国力の充実を図る目的で、支配地域のヘレニズム化を強力に推進しようとし、ユダヤ民族に対するかつてない弾圧政策を強行することになった。エルサレムにおけるユダヤ教神殿の大祭司職は一方的に廃位され、同時にユダヤ民族の信仰と生活の拠点である都市エルサレムをアンティオキアと呼ぶヘレニズム都市に建て替える命令が出されたのである。しかもシリア王アンティオコス四世は紀元前一六七年になると、ユダヤ人にとって至聖なるエルサレムの神殿にギリシャ世界の主神であるゼウスの神像を祭り、さらにはユダヤ教禁止令を出した。以後、ユダヤ教の安息日や割礼などの戒律に従うことは、死刑をもって禁じられた。アンティオコス四世の意図は、ヘレニズム化の頑強な敵対者であるユダヤ民族を皆殺しにしてしまおうという恐ろしいものであった。

その結果として起こったユダヤ民族の反乱、抗戦を詳しく伝えているのが、旧約聖書外典である「マカベ前書」である。そこではセレウコス王朝が、ユダヤ民族を皆殺しにしようと図っていたことが繰り返し語られている(例えば、「マカベ前書」一章五〇、二章六~七、三章四二、五章一五、六章一二、一三章六等々)。これらの箇所では、ユダヤ人の皆殺し、根絶の思想が前述のペルシャ帝国の場合と同じように表れていることに、われわれはショックを受ける。二〇世紀のナチズムを待つまでもなく、それを遡《さかのぼ》るはるか二千年以上も前のヘレニズム世界でも、ユダヤ人の絶滅計画はあったのである。

もちろん、このテーマをめぐる古代シリア王朝と、二〇世紀ナチズムの意図と思想、主張には、まったく異なるものがあったことは、いうまでもない。

では、ヘレニズム時代においてユダヤ人の全滅が企てられた背景には、いったい何があったのであろうか。

この問いの回答のために参考になると思われる旧約聖書外典の「マカベ前書」の一部をここで引用、紹介してみたい。

シリア王の使者がハスモン家（ユダヤ民族を統治する王家）の祭司マッタティアのところに来て、異教の神に犠牲を捧げるように要求すると、マッタティアは大声で答えていった。

「たとえ王の支配下にあるすべての民が、祖先からの宗教を捨て、王の命令に従う道を選んだとしても、私と、私の子と、兄弟とは、祖先の契約に従って歩むでしょう。私達が律法の定めを捨てることのないように、天よ、お守り下さい。私達は、王の命令に従おうとは思いません……」

こう語り終えるやいなや、ひとりのユダヤ人が、王の命令に従って、モディン（異教）の祭壇に、いけにえを捧げようとして、皆の前に進み出た。それを見たマッタティアは怒りに燃え……突き進んで、その男を祭壇の上で殺した。いけにえを捧げよと強いていた王の使者も同時に殺し、祭壇を倒した。こうしてマッタティアは……律法の名誉を守ってふるい立ち、大声で、町中に呼びかけていった。
「律法を守る熱意を持ち、契約を行おうとするものは、私に従え！」。そののちすぐ、マッタティアと、その息子は持ち物をみな町に残して、山に逃がれた（「マカベ前書」二章一九〜二八）。

こうしてユダヤ民族は、自らの神ヤハヴェへの信仰とその掟を死守すべく、抗戦を開始した。これがマカベ戦争（前一六六〜前一四二）の発端であった。マッタティアを支持するユダヤ人の中には、シリア王の軍隊に攻められた際、安息日の掟を汚すことを拒んで、攻撃に応戦もせず、石も投げず、身を守ることもしないで、妻や子ども達とともに殺されたグループさえあった。その数は千人にものぼったとされる（同書二章三四〜三八）。

　そのためユダヤの民の指導者マッタティアは、安息日であっても、自らの生命と信仰を守るためには抗戦してもよいという律法の改訂をしなければならないほどであっ

ユダヤ民族の絶滅を企てたシリアの王アンティオコス4世エピファネス

た。

このような旧約聖書外典が伝えるユダヤ人の選民としての、ヤハヴェ信仰への絶対的な服従と信頼、掟や律法の死守、異教祭儀の拒絶という宗教的排他性、不寛容こそが、パレスチナのヘレニズム化を図るシリア王アンティオコス四世をして、ユダヤ人を《頑固で非妥協的な民》と考えさせ、彼らの全滅を企てさせる根拠になった。セレウコス王朝にとってユダヤ人は、あらゆる民族の中で他の民との社会的関連をまったく許容しない唯一の民族であり、したがってそうした民は根こそぎにする他はないと考えたのである（L・ポリアコフ著『ヘレニズム時代の反ユダヤ主義』一ページ）。

しかし、セレウコス王朝のユダヤ教祭儀の禁止とユダヤ人の全滅を意図したパレスチナとオリエントのヘレニズム化は、二十年以上におよぶユダヤ民族の抗戦に遭遇し、そのマカベ戦争は紀元前一四二年、ユダヤ人の宗教的、政治的自由と独立の獲得をもって終わるのである。その背景には、ヘレニズム世界に支配の手を伸ばしつつあった共和政ローマが、ユダヤ民族の後ろ盾として存在していたことを忘れてはならない。この点についてはのちに触れることにしたい。

ともあれ、ユダヤ民族がセレウコス王朝の宗教的弾圧と全滅作戦に対抗して勝利を得たということは、後世のユダヤ民族史に重大な影響を及ぼすことになっていく。

ローマ人との出会い

前節で紹介した旧約聖書に収録されている「マカベ前書」や、ユダヤ人史家ヨセフスの『ユダヤ戦記』（一巻一章四）が伝えているように、ユダヤ人が古代ローマ人、ローマ支配と最初の接触を持ったのは、紀元前二世紀前半のことである。それはちょうど都市国家から出発したローマが、イタリア半島の中・南部を支配下に置き、アフリカ・カルタゴとの抗争の中で、次第に西地中海の覇権を掌握して、ヘレニズム文化圏への支配を拡大しつつある時期であった。

ヘレニズム諸国、エジプトのプトレマイオス六世とシリア王アンティオコス四世エピファネスは、ユダヤ民族の地パレスチナをめぐって争っていたが、アンティオコス四世はパレスチナを支配下に置いたのち、さらに南下西進してエジプトのアレクサンドリア近くにまで侵入して、その勢力をエジプトにまで伸ばそうとしていた。

しかし、前一六八年六月にマケドニア王国を滅ぼした共和政ローマは、東地中海にまでその支配を拡大していた。そのため、アレクサンドリアの征服を目前にしていたシリア王アンティオコスは、ローマの総督よりエジプトから撤退することを要求されたのである。強大なローマ軍の勢力に屈したアンティオコスは、前一六八年七月末、涙をのんでエジプト、そして東地中海のキプロス島からも軍を引き揚げた。怒りに満ちてシリア王国に戻ったアンティオコスは、まだローマの影響下に入っていないヘレニズム世界の支配を固めるため、パレスチナをはじめとするヘレニズム諸地域のユダヤ民族に対し、突如としてユダヤ教の禁止を命じ、ユダヤ人をヘレニズム化しようとする強硬策を打ち出したのであった。その結果、ユダヤ民族の抵抗、反乱であるマカベ戦争が起こったことは、前の節で触れた通りである。

ユダヤ教の安息日や割礼、戒律を守ることは死刑によって禁止され、存亡の危機に立たされたユダヤ民族は、今や世界最大、最強の覇者であり、宗教的寛容をもって知られる共和政ローマに救いを求めた。ユダヤの民がローマ人に近づくに至った経緯について、旧約聖書「マカベ前書」は次のように伝えている。

さて、ユダ（マッタティアの息子）は、ローマ人のことを聞いた。彼らは強大な勢力を持ち、味方につくものを助け、頼ってくるものとの友好を結ぶということであった。……ローマ人は、ガリアで戦い、勇ましい手柄を立て、その民を征服し、貢《みつぎ》をおさめさせた。……ローマ人は、キッティム（マケドニア）の王、フィリッポとベルセオを破り、自分達に立ち向かった者達を征服した。……ギリシャ人もローマを滅ぼしに行くことを企てたが、ローマ人はそれを知り、彼らを攻めるのに将軍を送り……、多くの人を殺し、その妻子を奴隷として捕え、財産を奪い、その地を占領し、城壁を倒した。こうして今日まで、彼らを征服している。……しかし友人や頼ってくる者達に対しては、友好を保った（同書八章一〜一二）。

敵対者には徹底的な攻撃を加え、殺し、滅ぼすという政策をとる一方、頼ってくる民族は友として迎え、助け、自治権を許すという共和政ローマの政策に、ユダヤ民族は期待をかけたのである。

紀元前一六一年、ユダヤから使節がローマに送られた。二人の使節は長い旅をしてローマにつき、元老院で次のように訴えた。

マカベと呼ばれるユダとその兄弟達と、ユダヤの民は、あなた達と同盟、平和の関係を結び、ローマ人民の同盟国と友好国の中に名を連ねられることを望んで、私達を遣わしました（同書八章二〇）。

この申し出はローマ元老院に受け入れられ、共和政ローマとユダヤ人との間に、初めての同盟条約が結ばれたことが伝えられている（同書八章二三〜三〇）。ローマとの同盟は、その後、紀元前一四四年頃、また一四二年から一四一年頃にかけ更新されたといわれる。

こうして破竹の勢いで地中海世界に支配を拡大していた共和政ローマを後ろ盾にしてユダヤ民族は紀元前一四二年、シリアのセレウコス王朝より朝貢の義務を免除され、独自の貨幣鋳造権も承認されて、独立を認められた。その二年後、エルサレムに召集されたユダヤ民族長老の大集会は、ユダヤの指導者、ハスモン家のシモンを《大祭司、軍事権を有する民族の支配者》として承認し、宣言した。

ここにユダヤ民族は、王国の滅亡（前五八六）以来、四世紀半を経て、再びハスモン王家の下に、国家の独立を実現したのであった。このユダヤ王国のシリアからの独立を、ローマ元老院は直ちに承認した。

まもなく、豪華な貢物（黄金の楯）を携えたユダヤの使節がローマへ送られ（前一三八）、長年にわたる背後からの支援に対し、謝意が表明されたが、それは当然のことであった。この時、両者間の同盟の絆はより一層深められたといわれる（K・L・ネートリッヒス前掲書一二及び一五四ページ参照）。

ローマ市からのユダヤ人追放

共和政ローマからユダヤ民族への具体的な軍事援助はなかったとはいえ、ローマによるシリア牽制《けんせい》なくして、ユダヤ王国の再建は不可能であったといえよう。

しかし、こうしたローマによるユダヤ人支持の史実とは裏腹に、ローマ市からのユダヤ人追放があったことも伝えられている（紀元一世紀の著述家ヴァレリウス・マクシムス『言行忘備録』）。それは独立を達成したユダヤ王国が、ローマに大掛かりな使節を送った前の年、紀元前一三九年のことであった。

ユダヤ民族とローマ人の初期の出会いを伝える記述が、同盟と追放について触れていることは興味深い。

まず、ここで注目すべきは、すでに紀元前一三九年当時、ローマ市にはユダヤ人グループが居住し、異教の地ローマの中で、ユダヤ教の律法と掟を厳守して生活していたということである。ローマ支配が拡大する中で、特に、約百二十年に及んだカルタゴ戦争（ポエニ戦争）が最終的にローマの勝利をもって終わり（前一四六）、カルタゴ、そしてコリントを滅亡させたローマが地中海の覇権を握って以来、ローマ市には各地からさまざまな非ローマ人が流れ込んで来ていたのである。したがって当時、ヘレニズム世界全域に広がっていたディアスポラ・ユダヤ人集団が、地中海世界の中心となったローマ市にも存在していた

〈上〉ローマ市内トラステヴェレ周辺にある旧ユダヤ人地区
〈下〉ローマ・ティヴェレ河沿いの旧ユダヤ人地区にそそり立つ現在の大シナゴーグ

ということは当然といえよう。

では、なぜ、ローマの権力を頼り、その支持を受けてきたユダヤ人が突如としてローマ市から追放されたのであろうか。

紀元一世紀前半に『言行忘備録』九巻を著したヴァレリウス・マクシムスがその第一巻《宗教について》で記述しているところによると、紀元前一三九年、ローマ市の外国人担当法務官が占星術師のカルディア人などとともに、ユダヤ人居住者も追放したというのである。なぜなら彼らは、ローマ市民に自分達の習慣や掟、また彼らの宗教、祭儀を強要しようと試みたからだという。

この記述を残したマクシムスは、膨大な『ローマ建国史』の著者T・リヴィウス（前五九〜後一七）の史料に依拠して、ユダヤ人のローマ市からの追放を伝えているのであるが、ローマ元老院とユダヤ民族との友好関係を考えると合点がいかない。

しかし、H・カストゥリティウスという研究者はこの事件を次のように説明している。つまり、ローマ市からのユダヤ人追放という出来事は、かなり突発的に発生したものであり、ユダヤ民族とローマとの同盟とは基本的に関わりがないというのである。当時、東方へレニズム・オリエント地方からローマ市への流入者達は、東方からの思想、宗教、祭儀、占星術等々をローマ市に持ち込んでいた。そして、あわよくばそれらをローマ市民にも宣伝し、広めようとしていた。その中でユダヤ人集団も、ヤハヴェの神の信仰とその掟を広め、ローマ市民にも割礼を施して、信徒同胞を獲得しようと大々的な行動に出ていた。そのためローマ市民が東方の宗教や迷信、戒律などを外来者によって強要され、秩序が乱されつつあると不安に陥ったローマ公安当局は、時の外国人担当法務官を通して、ユダヤ教徒の集団を含む東方からの諸グループを、公の秩序を乱す輩《やから》として追放したのである。

ユダヤ人が古代世界においてたびたび試みたユダヤ教への帰依者獲得のための改宗運動(プロセリティスムス)は、他民族からきわめて嫌悪されていた。特に、男子に割礼を強要し、安息日や食物規定の厳守を要求する改宗者獲得運動は、ローマ市民の間に異様な感情と拒絶反応を生み出したに違いない。その結果が、この追放事件であった。

そうしたユダヤ人グループの遠慮のない行動の背景には、恐らく数十年来のローマとの友好、同盟関係、またユダヤ王国の再建達成という出来事があり、それがローマ市に流入してきていたユダヤ教徒グループに自信と慢心をもたらし、市民を改宗させて同胞を得ようとする行動へと走らせたと考えられよう。

ユダヤ人によるこの改宗者獲得運動は、民族宗教を持ち、選ばれた民として固有のヤハヴェ信仰に生きる彼らの行動としては注目に値する。万民の宗教として、布教と信仰の伝播、広がりそのものを基本原理とするキリスト教と異なり、元来ユダヤ教は選民であるユダヤ民族固有の、内輪の宗教だったからである。とはいえ、そうした民族宗教を持ちながら、四散《ディアスポラ》して広大なヘレニズム世界に定住していたユダヤ人は、しばしば独自のヤハヴェ信仰やその戒律を他民族や諸階級の人々に広め、改宗者同胞を得ようと試みたのも事実であった。そして一時は布教において大きな成果をあげていたことは、紀元前一世紀におけるヘレニズム世界の著述者達（たとえばアポロニオス・モロンやシリアのポセイドニオス、アレクサンドリアのアピオーンなど）が、ユダヤ人の改宗者獲得運動に激しく反発する記述を残していることから明らかである。ユダヤ人の布教活動については、本書の今後の叙述でも明らかにされるであろう。

ともあれ、以上のローマ市におけるユダヤ人追放のエピソードは、共和政ローマのユダヤ民族に対する敵意を物語るものではなく、あくまでも局地的なものであり、ローマ在住ユダヤ人の急進的な改宗者獲得を目指す活動に対するローマ市法務官の拒絶反応だった。

ローマ人とユダヤ人の最初の出会いは、保護、支持者としてのローマと、嘆願者、依存者としてのユダヤ民族との友好、同盟関係から出発していたことを、ここでは確認しておきたい。

優遇と反感の中で

紀元前二世紀後半以降、急速に拡大したローマの覇権は、バルカン・ペロポネソス半島を支配下に置き、前一三三年には小アジアも属州とするに至った。続いてさらに東方のビテュニア、ポントゥス王国などを属州としたローマは、前六四年にはシリアのダマスコも占領し、強大な勢力を誇ったセレウコス王朝をも滅ぼしてしまう。その時、ローマの将軍グナエウス・ポンペイウスは、ユダヤ王国ハスモン家の内紛に干渉して、翌前六三年にエルサレムまで占領し、パレスチナも支配下に置いてしまう。そうしてローマの属州となったユダヤは、ローマへの朝貢を義務づけられ、ここに再びユダヤ民族の王国は滅亡したのである。

しかしポンペイウスは、ユダヤを属州とし、朝貢を義務づけはしたものの、彼を支持し、彼のもとに助けを求めて来たハスモン家のヒュルカノス二世（在位前六三～前四〇）に《大祭司、民族の支配者（エトナルケス）》の称号を許し（しかしユダヤ王としての称号は与えなかった）、ユダヤ民族の統治をうまくやらせるための傀儡《かいらい》自治政権の存続を認めた（ヨセフス『ユダヤ戦記』（一巻六章四～六、同七章一～六参照）。

このようなローマ支配のギリシャ文化圏、オリエント地方への広がりは、おのずから多大なディアスポラ・ユダヤ人がローマ世界に呼集されていったことを意味する。

特に、エジプトのアレクサンドリアと並んでディアスポラ・ユダヤ人最大の拠点であったシリアの首都アンティオキアがローマの支配下に入ったことは、ヘレニズム世界におけるる支配者ローマとユダヤ人の関係を考える上で重要な意味を持った。

ローマが小アジア、シリアのヘレニズム諸国を平定していく過程で興味深いのは、紀元前一世紀半ば頃からヘレニズム、ギリシャ世界で反ユダヤ的な思想や言動が表れてくる一方、ユダヤ民族が次第にローマ支配下で保護と特権を与えられていったという事実である。ギリシャ人がユダヤ人を憎悪したのとは対照的に、ローマ人がユダヤ民族の要望を受け容れ、優遇していったのはいったい、なぜなのであろうか。

一つの理由としては、紀元前二世紀以来のユダヤ人のローマへの依存と友好、同盟関係、一貫したローマ支配に対する支持が挙げられる。

ローマの支配がヘレニズム世界へ拡大されていったことに対して、ギリシャ人は自らの誇りとローマ支配への反発から、激しい反ローマ感情を抱くようになっていた。

特に小アジアのポントゥス王ミトリダテスがローマの東地中海支配に反旗を翻して戦った時（前八八～前八五）、多くのギリシャ諸都市はミトリダテスに味方したため、のちに共和政ローマより厳しい仕打ちを受ける破目に陥り、反ローマ感情は消しがたいものとなっていた。頼ってくる者は保護し、支援するが、敵対者は徹底的に打ちのめすというローマ支配の原則に、ヘレニズム世界は屈服したのである。

このようなギリシャ人の立場とは逆に、ミトリダテス戦争の時、ローマを支持した小アジアのディアスポラ・ユダヤ人とパレスチナのユダヤ人は、紀元前一世紀の中頃から、ローマによって数々の特権を与えられ、優遇されるようになっていった。このことに関して、ユダヤ人史家ヨセフスは一連の証言を残している。その中で彼は、ローマによるユダヤ人優遇についての自分の記述は、ほんのわずかを挙げているにすぎないと語っている（『ユダヤ古代誌』一四巻一〇章二二以下）。

ユダヤ人の諸特権

ヨセフスの残した記述にどれだけ信憑性があるかという問題はあるにせよ、数多い証言からその記載内容はおおむね事実と考えられている。それらの特権、優遇にはおよそ次の諸点が報告されている。

一、小アジアにおけるローマ市民権を持ったユダヤ人に対する兵役免除（前四九）。しかも、この特権は紀元前四四／四三年の小アジアの総督P・コルネリウス・ドラベラにより拡大され、あらゆるユダヤ人に対し、あらゆる軍役を免除するという措置がとられた。これはエルサレムの大祭司、ユダヤ人の統治者たるヒュルカノス二世の使節の嘆願に基づいてとられた措置である。その嘆願の根拠は「ユダヤ民族が父祖伝来の掟、慣習に従って生きるため」というものであった。ローマの総督ドラベラはこの要望を認め、エフエゾをはじめとする全小アジア諸都市に書簡を送り、それを指示した。

二、ユダヤ人が独自の集会所（シナゴーグ）を持つことについての保障。これは、紀元前四九年、小アジア・サルディスの法務官L・アントニウスがとった行政措置である。ギリシャ都市当局が、ユダヤ人独自のシナゴーグを有することに反対したため、ローマ側がギリシャ人の反対を押し切って、ユダヤ人側の要望を許可したものである。

三、ユダヤ人団体内部の係争について、独自の裁判権を行使することの許可（前四九年の法務官アントニウスの措置）。このユダヤ人内部の案件に関する独自裁判権の行使は繰り返し史料で触れられている（K・L・ネートリッツヒス前掲書八二ページ以下参照）。

四、安息日の厳守とその保障。ユダヤ民族にとって、ヤハヴェの神の命令である安息日の厳守は、絶対的なものであった。敵に攻撃されても安息日の掟を破ることを拒んで応戦もせず、身を守ることもしないで妻子もろとも殺されていったユダヤ人がいたことは、すでに述べた通りである。

今日でもユダヤ教徒が固く守っている安息日の掟は、すでに紀元前六世紀後半にはペルシャ王キュロスによってユダヤ人に保障されていたことであった。そしてヘレニズム世界がローマの支配下に入ってからは、ユダヤ民族が安息日を守ることは、一つの特権として繰り返して認可されていたことがヨセフスによって伝えられている。特に紀元前一世紀後半以降、ローマ支配下にある小アジアのギリシャ諸都市に対し、《ローマの同盟者にして朋友》であるユダヤ人の安息日を妨げてはならない、という指令がたびたび出されていたことが知られている。つまりユダヤ民族は、ローマ人を嫌悪して抗戦したギリシャ人とは別の扱いを受けていたのである。

安息日に何もしてはならないというユダヤ人の掟は、ギリシャ世界の人々にとってまったく不可解なことであり、実際の共存生活にも大きな支障をきたした。しかもこの安息日の掟がギリシャ人の暦に合わなかったのみならず、ユダヤ人はギリシャ世界に順応しようともせず、よそ者としての集団を形成し、生活していたのである。以上のようなユダヤ人が享受した優遇と生活の実態は、自《おの》ずからギリシャ人の反感を買うことになったのである。

ギリシャ人の反感と憎しみ

ギリシャ世界にユダヤ人の存在が知れわたるようになった紀元前四世紀末、早くもヘカタイオス（前三五〇～前二九〇頃）というギリシャ人記述家は、ユダヤ人の閉鎖性を手厳しく非難していた。また、ロードス島の雄弁家アポロニオス・モロン（前一世紀前半に活躍）は、そうしたユダヤ人の他と相容れない、他と交流をしたがらない態度を、《人間を憎悪する民》とさえ称して、嫌った。

ユダヤ民族とユダヤ教に対するモロンの中傷、誹謗は実に手厳しい。この雄弁家によれば、あらゆる可視的な神像を否定し、ギリシャ社会での公の生活ではきわめて大切とされていたギリシャの神々への礼拝を拒絶するユダヤ人は、《無神論者（アテーオイ）》ですらあった。

こうしたギリシャ人の反感は、ユダヤの民がヘレニズム世界の中にありながら、ローマ支配に追従することによって得た優遇、特権、また彼らの閉鎖的な態度に由来するものであった。特に地元ギリシャ諸都市を経由することなく、ギリシャ人の感情を無視して、新来の支配者ローマ人からユダヤ人が直接そうした優遇や特権を享受したことは、なおさらギリシャ人の反発を買うことになったのである。Th・クラインという研究者は、ユダヤ人は小アジアのヘレニズム世界において自己の主張や優先権を獲得するため、ローマ支配の優越性を利用したとすら述べている。

カエサルの寵愛

小アジアを中心としたヘレニズム世界で、ローマ側からユダヤ人に与えられた優遇や特権は、共和政末期の英雄G・ユリウス・カエサル（前一〇〇～前四四年）により次第に一般化されていったことも、史家ヨセフスの詳細な証言によって伝えられている（『ユダヤ古代誌』一四巻一〇章以下）。

カエサルのユダヤ人に対する寵愛《ちょうあい》は、彼がアレクサンドリア戦争（前四七）で苦戦に陥った時、ユダヤの実力者アンティパテル（後のヘロデ大王の父）が三千人の兵を率いて駆けつけ、この英雄を助けたことにも起因していた。

カエサルは、ローマ側がすでに久しく認めてきたユダヤ人の《ローマの同盟者にして朋友》としての地位を確認し、ポンペイウスと同じように、ハスモン家のヒュルカノス二世にユダヤ民族の大祭司、支配者としての地位を認めて、その世襲を保障し、エルサレムに城壁を築くことを許可した。またユダヤ人内部の裁判権、神殿税の特典、徴兵免除、ユダヤ教の律法、慣習、安息日等々についての保証を与えた。

分割統治において巧みなローマは、ユダヤ民族の統治者を支配体制に巻き込むと同時に、彼らの要望に応じることによってユダヤの地の支配の安泰を図ったのである。

カエサルと同時代人で、ローマきっての雄弁家M・T・キケロ（前一〇六～前四三）は、小アジアの総督L・V・フラックス（ユダヤ教の神殿税没収の責任を問われた）のための弁護論の中でユダヤ人について言及しているが（前五九）、これはローマ人側からユダヤ人について触れた記述としては最古のものである。

そのキケロの目に映ったユダヤ人は、特異な民族であり、彼らの宗教や戒律、生活習慣がローマ社会古来の風習や考え方に合わないことを軽蔑的、嘲笑的な口調で述べている（K・L・ネートリッヒス前掲書五九ページ参照）。

ともあれ、概してローマ世界のユダヤ人に対する関心は薄かった。それはユダヤ民族が強力な国家体制を持たず、その多数がディアスポラの生存形態をとっていたため、ローマ人にとってユダヤ人は政治的な対抗勢力でもなければ、またとりわけて注目される存在でもなかったからである。キケロが紀元前五九年になって、ローマ人としてはじめてユダヤ人に言及したということ、それ以前のローマ側の史料、記述にユダヤ人に触れたものがないということは、紀元前の古代社会におけるローマ人のユダヤ人に対する関心の低さを示唆している。

だが、共和政末期から帝政初期にかけてパレスチナがローマの支配下に入り、そこでのユダヤ人統治と彼らの蜂起、反乱をめぐる難題に直面したローマは、初めて、そして次第にユダヤ人問題に取り組むことを余儀なくされていくのである。

第2章　ローマ帝国への追従と抵抗

ティトゥス帝の凱旋門。ユダヤ戦争での勝利を記念して建てられた。４頭立ての戦車に乗ったティトゥス帝の姿が浮き彫りで描かれている

傀儡政権、ヘロデ大王

百年に及んだローマ共和政末期の内乱と一大変革期において、独裁官（Diktator）の地位を築いたのは、カエサルであった。紀元前四八年以降、カエサルは全ローマ軍の統率権、国家財政の管理権、戦争、平和についての決定権などを掌握した。彼の立像はユピター神殿に安置され、崇拝の礼を受けることになり、のちの皇帝礼拝の先がけとなった。

大ローマ国家の一人支配者になったこのカエサルにうまく取り入ったのが、パレスチナ南方イドゥメア出身のユダヤ人実力者アンティパテルで、のちのユダヤ大王となるヘロデの父親であった。カエサルとアンティパテルとの関係、及びカエサルのユダヤ人に対する優遇については、先の章で述べた通りである。

さて、紀元前四四年三月にカエサルが暗殺され、翌年アンティパテルもユダヤ・ハスモン家の手にかかって毒殺されると、その息子のヘロデはエルサレムを脱出してローマに赴き、第二回三頭政治家の一人、将軍アントニウスに忠誠を誓った上で、保護と支援を求めた。すでにヘロデは父アンティパテルの時代にカエサルからパレスチナ北部、ガリラヤの長官に任命されており、過酷な政治ゆえにユダヤの民から憎悪されていたものの、彼が統治と軍事的才能に優れていることは、アントニウスにもよく理解されていた。そのため、ヘロデはアントニウスの推薦でローマ元老院によりユダヤ王として認められることになる（紀元前三七）。

ローマの属国として東方の守りを固めるというローマの利益のため、その能力を買われてユダヤ王となったヘロデは、アントニウスから援軍を得てユダヤに戻ると、たちまちにしてパルチア軍を撃退し、エルサレムを陥落させて、ハスモン家最後の王アンティゴノス・マッタティアを捕虜とする。こうしてヘロデは東方におけるローマ支配の防衛者としての立場を確立するとともに、パルチアと共謀していたユダヤの伝統的なハスモン王家を滅ぼし、ローマの覇権をかさにきて、ユダヤ民族の支配を始めたのである。これ以降、ヘロデ王に対する反抗は、ローマ国家への反逆を意味するようになった。

しかしユダヤの民は、ローマ市民権所有者で、アラブ系でもあり、ヘブライ語ではなくギリシャ語を話すヘレニストであったヘロデ王を、もともとよそ者と見なしていたため、自分達の新しい王としては決して認めなかった。しかも、カエサル支配下のガリラヤ長官時代におけるヘロデの暴政は、人民の悪評と憎悪を買っていた。

紀元前二世紀中葉以来、ローマ支配に依存した友好関係の下で、いろいろな優遇を受け、独自の民族宗教や生活習慣を保護されてきたユダヤ民族も、紀元前六四年以来、ポンペイウスにより直接支配下に置かれるようになると、その過酷で、民族の信仰や心情を無視した統治に対し、次第に抵抗の姿勢を示すようになっていった。例えば、東方の大国パルチアへの遠征戦費として、ローマがユダヤ民族の至聖にして財庫でもあるエルサレムの神殿から、二百六十トンにものぼる財宝を没収した（紀元前五四）ことは、ことのほか反ローマ感情をあおり立て、以後しばしば対ローマ蜂起が発生することになった。にもかかわらず、ユダヤの支配層がローマへの追従をやめなかったため、ヘロデが即位する以前から、すでにユダヤ上層部に対する民衆の反感と反ローマ意識はユダヤ全体に広まっていたのである。

東方のパルチアがパレスチナに侵入した時、ユダヤの民がパルチア軍をローマ支配からの解放者とさえ見なしたことは、それをよく物語っている。こうした背景のもとに、ローマの傀儡政権としてユダヤ王の地位についた〝よそ者〟のヘロデが、ユダヤの民衆から支持を得られるはずがなかった。

この好ましくない状況下でユダヤ支配を確実なものにするため、ヘロデ王はまずローマへの忠誠と貢物により背後を固めるとともに、百年にわたって民意と結びついたユダヤ・ハスモン王家の血統根絶を図る一方、純粋なハスモン王家の血統を受け継ぐ娘マリアムネとの姻戚関係を築くことによって、ユダヤの伝統的な王家としての名目を巧みに整えたのである。

この政略結婚でユダヤの民の支持を得られたわけではなかったが、ヘロデはそのすぐれ

ヘロデ大王王国
地中海
フェニキア
ガウラニティス
バタナエア
トラコニティス
プトレマイス
ガリラヤ
カイサレア
サマリア
デカポリス
ヤッファ
ユダヤ
エルサレム
アシュケロン
ヘロディオン
死海
マカエロス
ガザ
イドゥメア
マサダ
ヘロデ王国
前30年までの領土
前23年以後獲得した領土
石田友雄著『ユダヤ教史』より

た軍事的、行政的才能により、ユダヤ王としての地位を確かなものにしていった。将軍アントニウスが失脚した際には、すばやくオクタヴィアヌス(のちの初代ローマ皇帝アウグストゥス)派への転向に成功し、従来のユダヤ王としての地位をオクタヴィアヌスにより認められ、彼が元老院よりアウグストゥスの尊称を贈られて帝政を開始すると(紀元前二七)、ますますアウグストゥスに追従して領土を与えられ、支配を拡大していったのである。

エルサレム神殿の再建と懐柔政策

では、ヘロデ王の政策のうまさはどんなところにあったのであろうか。

史家ヨセフスにより、ヘロデは大王としての尊称すら受けている。ヨセフスのヘロデについての詳しい記述に目を通すと(『ユダヤ戦記』一巻一〇章以下)、彼の残酷な面もいろいろと記されてはいるものの、ヘロデの政治や駆け引きのうまさ、数々の武勇、軍事的功績、精力的ですぐれた行動力などが語られている。

それだけではない。ユダヤ教戒律の遵守、神殿の再建工事、都市や港の建設、飢饉や天災時における食糧の配付や減税など、民意をなだめるための諸々の事業を、ヘロデは手掛けている。特に懐柔策として、エルサレム神殿の大々的な改築、再建工事を行うことで、民衆に影響力のある律法主義者パリサイ派の支持獲得を目指したが、その際には律法の定

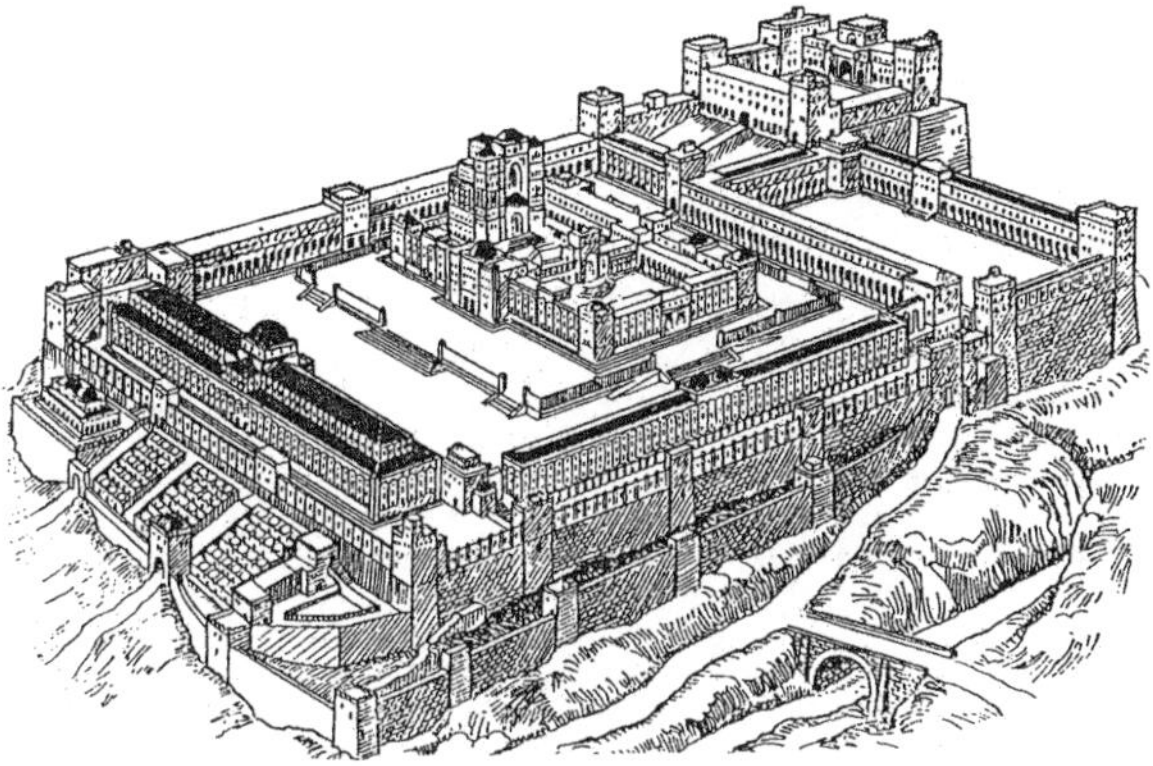

ヘロデ王が修復再建したエルサレム神殿の復元図

めを犯さないよう心掛けて、神殿工事に当たってはユダヤ教の祭司と神殿に仕えていたレビ人だけに委ね、自らが神殿の聖域に立入ることは決してしなかった。また他国の友軍部隊、例えばローマ軍によってユダヤ民族の至聖所、エルサレムの神殿が略奪されることがないよう守り、配慮することにおいても抜け目がなかった。

ヘロデは聖都エルサレムを劇場や競技場などの大きな建造物で飾ったが、ユダヤ教が厳しく禁じているモーゼの律法第二戒を尊重し、偶像礼拝と見なされる恐れのあったいかなる画像や彫像も、一切装飾に用いることはしなかった。

しかし彼は反面、神殿の祭司からは伝統的なユダヤ・ハスモン系出身者を排除し、自分の配下にある祭司を神殿の大祭司に任命することにより、神殿の管理を自己の支配下に置くという巧みな工作も決して忘れなかった。同様に王室の諮問機関であり、民意を反映するためにあったエルサレムのユダヤ長老議会（サンヘドリン）を、ヘロデは自分の親族と家臣で固め、王の直属機関に変えてしまったのである。

史家ヨセフスの伝えるこのような善政、善行、懐柔策の裏には、ローマ帝国の家臣として独裁権を思いのままにしようとするヘロデの巧妙な意図が隠されていたのである。次第に高まっていったユダヤ民族の反ローマ意識と、ローマ覇権の傀儡としてユダヤとその周辺諸地域も領土に加えて支配しようとするヘロデ政権との間には、明らかに大きな溝ができていた。ヘロデ王の治世中こそ、人民の蜂起、反乱がなかったにせよ、彼の死（前四）ののち、たちまちにして民衆の暴動が発生し、跡目争いの混乱の中で、大王とまで呼ばれたヘロデの築いた領国体制が崩壊してしまうという事実は、ユダヤの王として彼が民の支持を得ていなかったことを明白に物語っている。

相次ぐ妻子、親族の抹殺

為政者が自分の支配を揺るぎないものとするため、妻子、親族を次々と殺し、排除していくという傾向はいつの時代でもあったのだろうが、ヘロデ大王の場合も決して例外ではなかった。しかも、ヘロデ大王の残忍さは、まさに異常であり、初代ローマ皇帝アウグストゥスをあきれさせたほどであった。

先にも述べたように、ヘロデがアラブ系のヘレニスト・ユダヤ人であり、父から受け継いだローマ市民権を保持した独裁欲の強い王であったため、影響力のある伝統的なユダヤ指導層にとってみれば、ヘロデは何といっても外国人支配者にすぎなかったし、ユダヤの大衆からもよそ者と見なされていた。それなればこそ、ヘロデはより一層保身に神経をとがらせなければならなかった。

ローマ元老院における満場一致の支持でユダヤ王の地位に就いた彼が、まずやったことは、ユダヤの伝統的なハスモン王家とその勢力を一掃することであった。ローマ支配にさからい、東方のパルチアと結ぶことによって王家の再興を図ったハスモン家を滅ぼすことは、ローマ支配の意向にかなうことであり、ローマ元老院に対して点数かせぎをすることにもなるし、同時に自分自身のユダヤ王としての地位を固めることにもつながるのであるから、まさに一石二鳥であった。

ヘロデによる親族、妻子殺しの最初の犠牲者は、彼の妻マリアムネの祖父ヒュルカノス二世であった。ヒュルカノスは前四〇年、ローマの政敵パルチアとの間で陰謀を企てた疑いでヘロデに処刑され、同じくパルチアと組んでローマに敵対したマリアムネの叔父アンティゴノス・マッタティアも前三七年に処刑されている。

史家ヨセフスによれば、ヘロデによる親族、妻子殺しの原因は、ハスモン王家から輿入れして彼の二番目の妻になったマリアムネに対する激しい愛情と、それがゆえの猛烈な嫉妬心であった。

マリアムネはヘロデとの間に五人の子をもうけはしたものの、ハスモン家勢力根絶を目指していた夫ヘロデとの不和は早くから生じていた。祖父と叔父を殺され、ハスモン家の支持勢力であった祭司、貴族からなる長老議会のメンバー七十一名のうち四十五名が処刑されたこと、その一方で、夫のヘロデが私腹を肥やしていたこと等々、ハスモン家から来たマリアムネにとって、夫のヘロデ王は憎悪の対象だったのである。

「マリアムネの彼に対する憎しみは、彼の彼女に対する愛と同じように強かった」とヨセフスは伝えている（前掲書一巻二二章）。

そうした中で身の危険を感じたヘロデは、さらにマリアムネの弟アリストブロスとヨナタンを次々と抹殺する。マリアムネは祖父、叔父、弟と三代にわたる親族を夫に殺されてしまうのである。こうして、ヘロデ王に溺愛されていたマリアムネの夫に対する激しい憎悪は次第に露わになっていった。

それでもヘロデは、彼女に対する愛ゆえに、長きにわたって妻の糾弾に耐えていた。しかし、マリアムネと絶えず衝突していたヘロデの妹サロメとその母親は、彼女を陥れようと図り、マリアムネが夫を尻目に淫乱にふけっているという話をでっち上げてヘロデに伝えた。猜疑心にかられたヘロデは、妻が妹サロメの夫ヨセフと密通していたと思い込み、嫉妬の怒りに狂ったあげく、突如として妻のマリアムネとヨセフを処刑させてしまうのである（前二九）。この上なく愛した妻と義理の弟を処刑するに至った激情は、まもなく後悔に変わったが、すでに遅かった。続いてその翌年、ヘロデはいざこざが絶えなかったマリアムネの母親アレクサンドラも抹殺する。こうして母と祖母を父に殺されたヘロデの子ども達は、父の恐るべき数々の罪を思い、早くから父を敵と見なし、憎むようになっていた。息子達の父に対する敵意と反感は、彼らの成長に伴ってますます高まっていったのである。

この父子の対立を利用してヘロデの宮廷で勢力を伸ばしたのが、彼の最初の妻ドリスの長男アンティパトロスであった。アンティパトロスは、子ども達と敵対関係にあるヘロデにうまく取り入って彼をけしかけ、二人の息子の処刑をヘロデに考えさせるまでになる。

実際、マリアムネとヘロデとの長男アレクサンドロスは、父ヘロデの毒殺を企てた疑いでローマへ連れていかれ、皇帝アウグストゥスの前で裁判を受けることになる。ローマでの裁判となったのは、ローマ市民権を父から受け継いでいた息子を、ヘロデは自分の権限で処刑することはできなかったからである。

親族の多くを処刑、抹殺したヘロデの一件を知っていたアウグストゥス帝は、息子の処刑を父に思いとどまらせ、親子はしこりを残しながらも一時的に和解して、ローマを後にする。だが、ローマへ同行した先妻の子アンティパトロスは、父ヘロデを再びそそのかして親子の仲たがいを再燃させるのである。

こうして二十年に及ぶ父子の反目、宮廷内における内紛、陰謀、駆け引き、拷問などが渦巻く中で、紀元前七年、ヘロデは手塩にかけて育てた最愛の二人の息子アレクサンドロスとアリストブロスを、陰謀を理由に絞首刑にしてしまう。一度は和解を実現させたローマ皇帝アウグストゥスは、ヘロデ王の裁決を承認したものの、二人の息子の処刑を深く悲しんだ。

晩年のヘロデは、体が腐って四肢が硬直するという恐ろしい病気を患い、落胆と疑心暗鬼の中で、たえず恐怖にかられた末、ついに最初の妻ドリスの長男アンティパトロスをも、自分を毒殺しようとしたかどで処刑してしまう。そしてその五日後にはヘロデ自身もこの世を去ってしまうのである。史家ヨセフスによると、ヘロデは死を前にして「私にはわかっているのだ。ユダヤ人どもは私の死を喜び祝うに違いない」ともらしていた。三十七年に及ぶ、ローマに忠実なユダヤ王としての統治が、ユダヤの民からは受け容れられていなかったことを、彼は痛感していたのである。政治、軍事の面で大王の尊称を得たヘロデも、宮廷内部においては、だれよりも不幸な王であった。

以上がユダヤ王ヘロデによる妻子、親族の抹殺の顚末であるが、「汝、殺すなかれ」というユダヤ教の戒律が、ここではまったく無力であることをあえて指摘しておきたい。安息日の厳守や聖画像の徹底した拒絶、厳格な食物規定や割礼の義務などがユダヤ民族によ り厳しく守られているにもかかわらず、「汝、殺すなかれ」という戒律の無視は、ヘロデに限らず、旧約聖書の伝承の中にたびたび見出されるところである。もっとも、それはキリスト教、イスラム教の場合も同様であり、ユダヤ教だけが例外なのではない。やはり、現実の支配や政治とそれをめぐる闘争がからむと、「汝、殺すなかれ」という神の厳しい命令は、まったく効力を失い、「殺す」「処刑する」ことの正当化、こじつけがまかり通ってしまうのである。新約聖書マテオ福音書第二章の伝える、ヘロデ王による幼児の皆殺し事件などは、たとえ彼がローマの支配に忠実なヘレニストであったとはいえ、ユダヤ教徒でもあったヘロデのことを思うと、「汝、殺すなかれ」というヤハウェの神の戒めは、具体的にどのような力を持っていたのであろうか。

ローマ帝国におけるユダヤ人の数

ところで、ローマ帝国時代にはいったい、どれくらいの数のユダヤ人がいたのであろうか。この問いへの回答を裏付けることができる確かな証言はない。

しかし古代の史料（歴史家ヘカタイオスや哲学者フィロなどの著書）が伝えるところからして、また研究者の間でのほぼ一致した意見によれば、ユダヤ民族はきわめて多産で、その数は紀元一世紀のローマ帝政初期において、約六百万から八百万人といわれ、ローマ帝国領内の人口の約一〇パーセント程度を占めていたと推定されている。

一例を挙げれば、中世一三世紀におけるシリアのユダヤ系キリスト教司教グレゴリウス・バルフェブレウスは、紀元後四八年クラウディウス帝時代のローマ帝国におけるユダヤ人の数は、六百九十九万九千人であったと伝えている。この情報が何を根拠にしているのか、また帝国における人口調査リストなどからどのようにしてユダヤ人の数だけを集計したのかなどは不明であるが、まったく裏付けのない数字として否定することはできない。なぜなら、このような推計は、ユダヤ人の数についてのさまざまな史料断片、例えば、人口調査リスト、エルサレムに神殿税を納めた小アジアにおけるユダヤ人青年男子の数、あるいはユダヤ人が関係した戦争での軍勢や死者の数、ユダヤ教の祝祭日にエルサレムへ巡礼に来た人々の数、またアレクサンドリア、アンティオキア、エルサレム、ローマなどにおけるユダヤ人の人口等々、諸々の資料や証言をもとに推定、集計、逆算されたりして全体の数が算出されていると考えなければならないからである。このバルフェブレウス司教の推

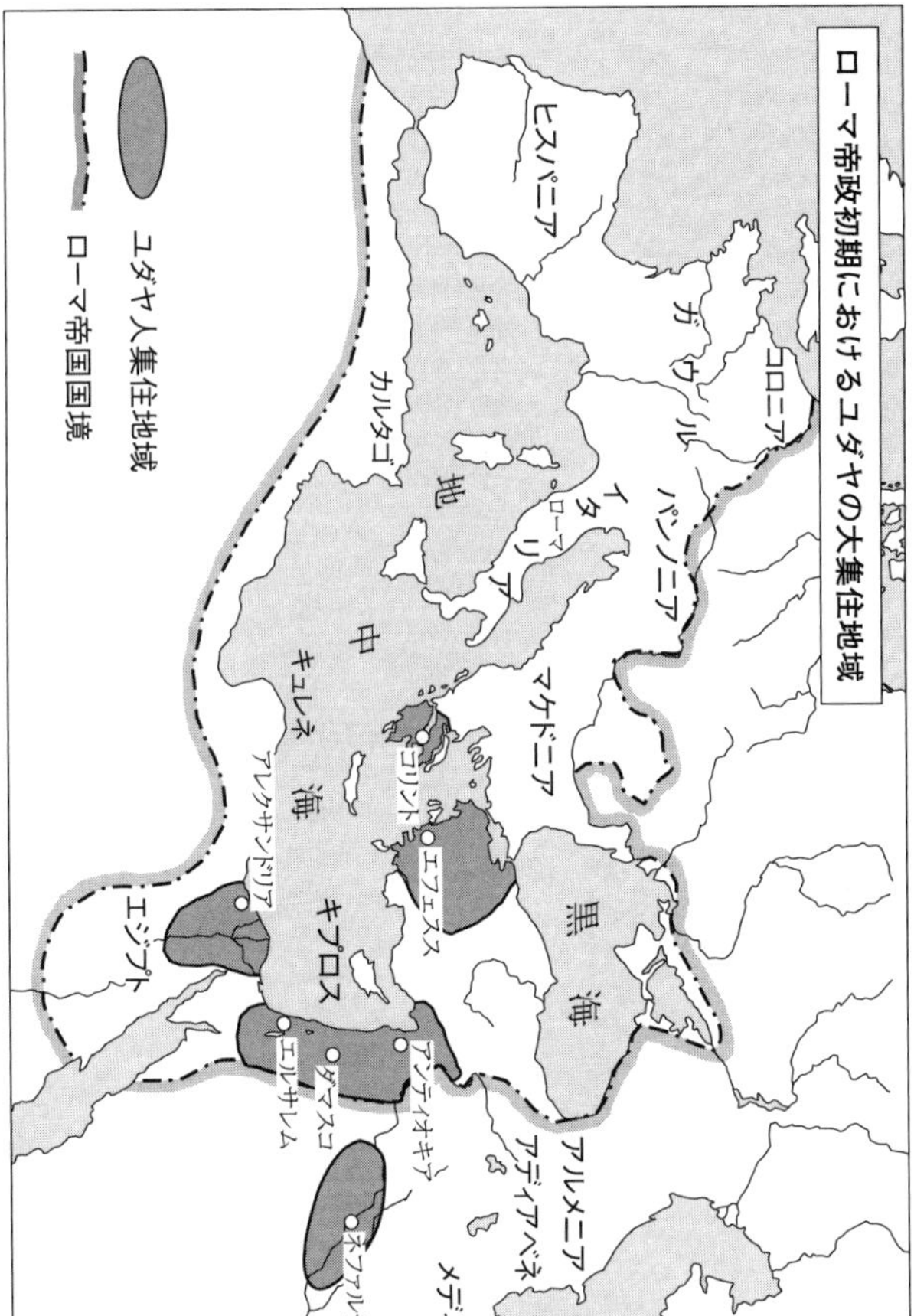
ローマ帝政初期におけるユダヤの大集住地域
ユダヤ人集住地域
ローマ帝国国境
ヒスパニア
ガウル
コロニア
カルタゴ
イタリア
ローマ
パンノニア
地中海
マケドニア
キュレネ
コリント
エフェスス
黒海
アレクサンドリア
キプロス
エジプト
エルサレム
ダマスコ
アンティオキア
アルメニア
アディアベネ
ネファルディア
メディア

定によれば、およそ七百万のユダヤ人のうち、パレスチナに二百五十万、エジプト、シリア、小アジアに各百万、またメソポタミアにもおよそ百万が居住しており、その他がヨーロッパ各地にいたとされる。ヨーロッパのユダヤ人については、数字が挙げられていないが、首都のローマをはじめ、ヨーロッパ各地にもかなりのユダヤ人がいたことは疑いない。紀元前四年におけるアウグストゥス帝下の都ローマには八千人のユダヤ人が、また紀元後一世紀中頃には四万人に近いユダヤ人が居住していたといわれる(K・L・ネートリッヒス前掲書一五二〜一五三ページ、註六六〜六八参照)。

しかし、ローマ時代のユダヤ人の数についての証言はオーバーなものも決して少なくない。例えばローマ時代のユダヤ人史について最も貴重な記述を残している史家ヨセフスは、ユダヤ戦争のさなかの紀元六六年から七〇年の間に百十万人のユダヤ人が生命を失ったと述べているが、タキトゥス(『歴史』五章一〜一三)によれば六十万人である。その他ヨセフスの挙げているユダヤ人についての一連の数にはしばしば誇張があると見られる(K・L・ネートリッヒス前掲書一〇及び一五二ページ、註六六参照)。

いずれにせよローマ帝政初期におけるユダヤ人の数については諸説あるものの、一応七百万ぐらいと想定し、そのうち本土パレスチナに二百万人、ディアスポラ状態のユダヤ人が五百万人と理解しておきたい。

ディアスポラとギリシャ語聖書

ユダヤ人のディアスポラは紀元前六世紀のバビロン捕囚によって決定的となったが、しかしそれ以前においてもユダヤ人のディアスポラは、交易、取引網を形成するための離散という形態ですでに始まっていた。彼らは本土パレスチナ以外の地域、つまり古代オリエントとギリシャ文化の融合したヘレニズム文化圏に散在していたのである。そうしたユダヤ民族は当然のことながら、紀元前四世紀以降、思想、文化、政治、経済、生活習慣、言語といったあらゆる面でヘレニズム文化から多大な影響を受けるようになる。たとえ宗教的、民族的絆で強く結ばれていたとはいえ、次第にユダヤ的生活習慣からはずれた、ヘブライ語に十分通じない、ギリシャ語を日常語とするヘレニスト・ユダヤ人が無数に生まれてきたのは自然なことであった。そのため、紀元前三世紀に聖書（モーゼ五書）が、ヘレニズム世界の中心都市アレクサンドリアでヘブライ語からギリシャ語に訳される必要があったのも当然の帰結であり、それ以後、ユダヤ教の教典は、ギリシャ語訳聖書が主流となっていく。ギリシャ・ローマ世界のディアスポラ・ユダヤ人の数がパレスチナ・ユダヤ人の数倍いたことからすれば、それは自然なことである。

ローマ支配がユダヤ人のヘレニズム化を大幅に促進していったとはいえ、ローマ帝国の広大な領域に住んでいたディアスポラ・ユダヤ人が、同胞意識を失うことなく留まることができたのは、彼らのヤハヴェの神に対する信仰と、律法の厳守、選民意識による固い結束ゆえであった。宗教的なものに限っては、ギリシャ・ローマの神々との融合や妥協はなかった。民族宗教としてのユダヤ教の核心に触れるような諸点については、どのような権力や圧力に対しても決して同化することはなかったのである。

皇帝礼拝の拒絶

ユダヤ人はカリグラ帝（在位三七〜四一）の時に皇帝礼拝との対決を迫られることになる。同時代の史家ヨセフスは、ユダヤ人側が皇帝礼拝を拒否したことが、のちに彼らの運命を決定することになるローマ人との戦い（ユダヤ戦争）のきっかけになったと伝えている。その評価はともあれ、皇帝礼拝をめぐるエピソードは、ユダヤ民族のローマ支配に対する関係を知る上できわめて興味深いので、ここで述べておきたい。

そもそもローマ帝政期における皇帝礼拝とは、帝国の首長としての皇帝を、至高、至善の権力、権威、生命力及び創造力の保有者として神格化し、それを崇拝し、犠牲を捧げて、神聖な皇帝の加護と恩恵を願うという外的な祭儀行為であった。したがって、個人の信仰の対象とか、また内的な救いへの道を啓示する宗教といったものではなかった。

神格化されたローマ皇帝は、あくまでも礼拝の対象であり、人民は神聖なる世界帝国の支配者に対し、こぞって犠牲を捧げ、忠誠を誓い、もって国家と民の安泰と繁栄、恩恵と加護を願ったのである。そういった祭儀は、公の神殿のみならず、ローマ市民個人の家庭においても行われていた。

支配者を神格化し、礼拝するという習慣は、もともとオリエントに由来するものであるが、次第に西方にも伝えられ、アウグストゥス以来、ローマでも定着していったのである。神格化された皇帝アウグストゥスに捧げられた碑文（前七年）は次のように述べている。

海と陸に命令するかれに、
カイサル（アウグストゥス）に、ユピテルの子に、ユピテルに、かれに、解放者に。
かれに、ヨーロッパとアジアの支配者に、
おおいなる救済者ユピテル……（弓削達『ローマ帝国とキリスト教』河出文庫一四ページ）。

このようにアウグストゥス帝は、ローマ神界の主神ユピテルの子として、世界の支配者、解放者、救済者として讃美され、崇拝されている。そして小アジアのペルガモンやニコメディアなどをはじめ、ローマ帝国の東方各地では、神帝アウグストゥスと世界支配のシンボルである永遠の都ローマに捧げられた神殿が建てられていった。アテネのアクロポリスの丘にすら、そうした皇帝礼拝の神殿が建設されたのである。

ユダヤのヘロデ王もまた、領国内にアウグストゥス帝への忠誠を表明するため、皇帝礼拝の神殿を建てた。そうしたヘロデ王のローマへの追従は、ユダヤ民族の反感を買い、反ローマ感情を高める原因にもなったことは、先にも述べた通りである。

アウグストゥス以後、ローマ皇帝は、ユピテルとして、またヘラクレス（ギリシャ主神、天空の神ゼウスの子）として、時にはディオニシウス（同じくギリシャ神話におけるゼウスの子）として礼拝され、死後は、神とあがめられた者として崇拝された。

このような皇帝礼拝は、例外はあったとはいえ、ローマの支配権力が上から強制したものではなく、むしろ下から、ローマ帝国の人民の中から持ち上がってきたもので、「祖国の父」「尊厳なる第一人者」である皇帝に対し捧げられた崇拝なのである。

そして自分のために奉献された神殿とそこに立てられた自分の像の礼拝を、皇帝が人民に許すという形式で行われたのが皇帝礼拝であった。

しかしユダヤ人はこのような皇帝礼拝の中に、異教信仰の強要を見てとった。可視的な聖画像を真っ向うから否定するユダヤ教の戒律からすれば、それは当然であった。

あなたはいかなる像も造ってはならない。
上は天にあり、下は地にあり、また地の下の水の中にある、
いかなる像も造ってはならない。
あなたはそれらに向かってひれ伏したり、
それらに仕えたりしてはならない（モーゼ十戒の第二戒「出エジプト記」二〇章四〜五）。

ユダヤ民族の歴史を辿ると、この戒律がいかに厳しく守られていたかは、まさに驚きという他はない。しかし、すでに述べたように、ローマの指導者達は一神教にこだわらない宗教的寛容さと支配の巧みさゆえに、ユダヤ人が独自の信仰と戒律に従って生きることを、彼らの特権として認めてきた。

至高、至善なる皇帝を礼拝し、民への恩恵を祈願するという行為は、ローマの人民にとっては当然の共同祭儀であり、それを拒否するユダヤ人は異質で面白くない存在ということになる。だが、皇帝礼拝そのものが制度ではなく、国家による強制がなかったため、ユダヤ人側は共和政以来ローマ側より認められてきた特権にものをいわせて、直接、皇帝礼拝に参加することを拒絶してきた。アウグストゥス帝とほぼ同時代の人で、アレクサンドリアのディアスポラ・ユダヤ人である哲学者フィロ（前二〇頃〜後四〇頃）は、皇帝礼拝につ

いて次のように弁明している（K・L・ネートリッヒス前掲書七二ページ参照）。

ユダヤ人の神の家（シナゴーグ）は、ユダヤ教徒にとって、ローマ皇帝に栄誉を帰することのできる唯一の場所である。というのは、ユダヤ人にとって自らの信仰と戒律を守ることにおいてのみ、皇帝礼拝が可能となるからである。

またヨセフスは、「ユダヤ人は何ら皇帝の画像を礼拝しないが、それでも神殿においては、一日に二回皇帝とその家族、またすべてのローマ人民のために犠牲が捧げられている」（『アピオーンへの反論』二章七三〜七八）と主張している。

つまりユダヤ人は、異教の神殿に祭られた皇帝像を礼拝するという公の祭儀には参加しないが、ユダヤ教の神殿やシナゴーグにおける礼拝においては、皇帝の栄誉とローマ帝国の繁栄や安泰が祈願されているというのである。

カリグラ帝の強硬策

このような皇帝礼拝へのユダヤ民族の態度に対し、強硬な姿勢を打ち出したのがカリグラ帝であった。

カリグラは紀元後三七年、元老院の承認によりアウグストゥスの地位に就くと、まもなくヘレニズム世界の支配者にならって、自らを神なる皇帝、あるいはユピテルの誕生（インカルナツィオ）と称し、ローマのパラティーノの丘に自分を礼拝させるため、神殿を建てることを元老院に要求した。また人前に現れる際には神像の姿を装い、時には女神の姿すらして自らの存在を誇示した。帝国の東方地域において、カリグラは新しい神、新しいディオニシウスとして礼拝された。

ところが、ディアスポラ・ユダヤ人がきわめて多く居住するアレクサンドリアのシナゴーグに、カリグラの意向に添う形で彼の像が立てられると、ユダヤ人グループは、共和政時代以来認められていた彼らの特権を楯に、つまり独自の唯一神ヤハヴェに対する信仰と律法の遵守が保障されていたことを根拠として、皇帝礼拝を拒否したのである。そのため、アレクサンドリアのヘレニスト民衆が、ユダヤ人に対して暴力沙汰を起こすという事件が発生した。またユダヤでは、エルサレムの東にある都市ヤブネでヘレニスト市民が皇帝礼拝のための祭壇を築くと、ユダヤ人はただちに信仰に基づきそれを破壊した。この出来事を耳にして怒ったカリグラは、ユダヤ民族にとって最も神聖なエルサレムの神殿に自分の神像を立てることを命じたのである。

シリアの総督ペトロニウスはその命令を受けると、ユダヤの民の激しい抵抗を予想して大軍を率いてパレスチナへ向かった。予期した通りペトロニウスはその途次、行く先々でユダヤ人大群衆の嘆願と阻止に出くわし、カリグラ帝の命令を強行することが大変な事態を引き起こすことを悟り、しばらくためらった後、皇帝に命令の中止を求めた。また、カリグラと親しかったヘロデ王の孫アグリッパ一世も神像建設の中止を強く説得したため、帝は計画を断念せざるを得なかった。

しかしカリグラは、エルサレム郊外では皇帝礼拝のための神殿や祭壇を建てることを要求し、ユダヤ人の嘆願に対して引き下がることはなかった。パレスチナのヘレニストは、カリグラ帝の意向に沿って皇帝礼拝を押し進めようとしていたため、それを拒絶するユダヤの民との間に、不穏で緊張した状況が続いた。もっともその後、カリグラがローマで暗殺されたため、ユダヤの地における皇帝礼拝の強行は、避けられたのである。

以上のエピソードは、ローマ帝国の支配が異教的なものであることをユダヤ人にははっきりと示した事件であり、またそれに対するユダヤ人の、これまたはっきりとした拒絶反応が示された出来事でもあった。政治的にはローマを頼りにし、追従してローマ支配の安泰を願うユダヤ民族ではあったが、彼らの信条や戒律の厳守という点では、ローマの皇帝権力に対しても敢えて抵抗をやめなかったのである。

しかしこのテーマをめぐるローマ帝国とユダヤ人との対立、緊張関係は過大視されてはならないであろう。というのは皇帝礼拝の問題を契機としてユダヤ人とローマ帝国との関係が根本から変わるということはなかったからである。

ただし、ローマ帝国において公の祭儀としての皇帝礼拝を否定したことが、ヘレニストやローマ人民の反感を買ったことは事実であり、ローマ帝国との対立関係を深める一因となったことは否めない。

ローマ総督の悪政と不穏な動き

ヘロデ大王の死後、ユダヤ王国はヘロデの息子達によって分割相続されたが、内紛が絶えなかったため、皇帝アウグストゥスは紀元六年、ユダヤを帝国の属州とし、ユダヤ総督を海岸都市カイサレアに置いた。赴任した総督コポニオス（在任六～九）は皇帝から死刑執行を含む一切の権限を付与されていた。

共和政以来、依存し、追従していたとはいえ、ローマとの友好関係にあったユダヤは、この時点からローマ支配に服することになった。真の支配者は唯一、彼らの信奉するヤハヴェの神と信じていたユダヤ民族にとっては、なかなか受け容れ難いことであった。しかも皇帝直属の属州となったユダヤには、課税のための戸口調査が実施されたのである。この紀元六年の戸口調査は、キリストが生まれた頃（前四頃か）、皇帝アウグストゥスによって行われた全帝国の調査に次ぐものであったとされる。

ローマの属州になる以前は、ユダヤ人はエルサレムの神殿に納めるための税を全帝国の同胞から集めていたが、ローマ支配に対する納税義務はなかった。こうした優遇措置に対しては、ローマ人側からも時々不満がもらされていた(例えばキケロなどによるユダヤ教徒批判)が、神殿税は父祖伝来のユダヤ人の特権として、カエサル以来、アウグストゥス帝によっても認可されていた。したがって、税はヤハヴェの神の至聖所に納めるべきもの、という考えに立っていたユダヤ人は、地上の支配者に対し納税義務を負わされたという点でも、ローマに対する抵抗意識を持つようになったのである。

案の定、ユダヤやガリラヤ地方がローマの属州とされ、納税義務も課せられた紀元六年には、早くも急進派ユダヤ人による反乱が起こる。これらのユダヤ人は神のために熱心であろうとするところから「熱心党(ゼーロータイ)」と呼ばれており、力に訴えてでも律法(トーラー)を守ろうとするグループであった。ローマ帝国による支配の始まりとともに開始されたユダヤ人の政治的抵抗運動は、次第に拡大し、民族の運命を決定する破滅的なユダヤ戦争へと発展していくのである。

ユダヤ人の抗戦を次第に本格的なものにしていった背景には、次々と短期間で赴任した十四名ものユダヤ担当総督(紀元六〜六六)によって、しばしば行われた悪事、暴政、搾取などの影響があった。ユダヤ人民の感情や宗教生活はさまざまな局面で無視されるようになっていた。

これらの総督の中で最も長い期間ユダヤを統治したのは、イエス・キリストの処刑を許可したポンティウス・ピラートゥス（在任二六〜三六）である。ティベリウス帝（在位一四〜三七）下で実権を握り、反ユダヤ主義者としても名の知られていた親衛隊長セヤーヌスによってユダヤへ派遣されたピラートゥスは、赴任当初からユダヤの民を刺激するような行動に出た。彼以前の総督が、ユダヤ民族の宗教信条を考慮して、異教の聖画像などをエルサレムへ持ち込むのを控えていたのに対し、強い反ユダヤ思想の持ち主であるピラートゥスは、自分の上司であるセヤーヌスの意向を汲んで、最初のエルサレム入城の時から、聖画として皇帝の胸像が描かれている軍旗を掲げて民衆の面前を行進したり、皇帝礼拝を強調するような刻《きざ》みのある貨幣を発行したりして、ユダヤ人を挑発していた。

一方、抵抗運動の中心勢力となったガリラヤ地方の熱心党グループは、下層階級の立場から社会改革を要求し、メシアの来臨を待望する終末論を、その行動原理としていた。

紀元三一年の春、エルサレムの神殿に巡礼に来たガリラヤ人の一団は、メシアの待望から、世俗支配を打ち破って神の支配を実現しようと暴動を起こしたが、総督ピラートゥスにより鎮圧され、多くが殺された。三六年ピラートゥスはサマリアのユダヤ人を虐殺した

ユダヤ人の要求でキリストの処刑を決め、ローマ兵にキリストを引き渡すピラートゥス（M・メリアンの銅版画、1630年頃）

かどでローマへ召還され、ユダヤ総督の地位を失うが、ピラートゥスの反ユダヤ的政治以来、鮮明化する対ローマ敵対運動は、カリグラ帝による皇帝礼拝の要求により、さらに激しいものになっていった。

その後、カリグラ帝が暗殺されて即位したクラウディウス帝（在位四一～五四）は、ヘロデ大王の孫アグリッパ一世をユダヤ王に任命（在位四一～四四）したため、ユダヤは再び王国として再建された。アグリッパ一世は民族の保護に極力努めたことから民衆の深い尊敬を集め、ユダヤの民は一時的になだめられた。ところが、彼の治世はわずか三年で終わったため、ユダヤは再度ローマ直轄統治の下に置かれてしまうのである。それ以降、ユダヤ戦争勃発までの二十二年間に就任した六名のユダヤ総督の時代には、ユダヤで騒乱が絶えることはなかった。

エルサレムではユダヤ人過激派のテロが横行し、ローマ支配に忍従し、平穏を願う多くのユダヤの保守層、大祭司などが血祭りにあげられるという事件があり、日中から恐怖が広まった。また総督府のあったサマリアの海岸都市カイサレアでは、ユダヤ人とヘレニスト・ギリシャ人の激しい対立が起こり、多くの死者が出た。時の総督フェリックスはローマ軍隊を繰り出して抗争を制止しようとしたが収まらず、皇帝ネロ（在位五四～六八）に調停を懇願しなければならないほどであった。この時、ネロ帝はヘレニストの主張に添った判定を下したが、この決定がユダヤ戦争の一因となるのである。そうした中で赴任したユダヤ戦争勃発前の三名の総督による度重なる悪政、人民への重圧は、反ローマ感情をいやが上にも駆り立てた。

「彼の犯さなかった悪事はなかったといってよい」と史家ヨセフスは、アルビノス総督（在任六二～六四）を評している（『ユダヤ戦記』二巻一四章）。

さらに、戦乱へ突入する前の最後の総督フローロス（在任六四～六六）の統治は、前任者に輪をかけてひどいもので、「強奪と暴政の限りを尽くした」ものであった。フローロスの暴政の下で多数の女、子どもまでが殺害される始末で、民衆の憎しみと怒りは耐え難いほどになり、総督交代を皇帝ネロに訴えるユダヤ民衆の要求は極度に高まった。ところがフローロスは、総督としての自らの悪業を覆い隠すため、ユダヤ人民を挑発してローマに対して蜂起させようと考え、大衆をますます苦境へと追いやった。

大反乱の勃発、ユダヤ戦争へ突入

案の定、その機会はやって来た。皇帝に納めるという口実でフローロスが使節を送り、エルサレムの聖なる神殿の宝庫から金を奪い取った時、至聖所を犯されたユダヤの民は、もはや耐えることができなかった。たちまち暴動が起こったのである。これを聞きつけたフローロスは機を得たりとばかりに、直ちにローマ軍の歩兵と騎兵を繰り出し、エルサレムへと進撃して、逃げまどう民衆を老若男女の区別なく殺害した。

殺戮《さつりく》の場と化したエルサレム城壁内は、すさまじい悲嘆の叫びと呪いの声で満たされた。民の怒りをなだめ、反乱の拡大を抑えようとしたユダヤ祭司など、保守層の試みはもはや効を奏さなかった。

こうしてヤハヴェの神の民の運命を決定する「ユダヤ戦争」は勃発したのであった。

世界帝国の覇者ローマを敵として戦うことが、いかに無意味な抵抗であり、絶望的なものであるかをユダヤ人は百も承知していた。しかし過激な反乱分子の一団に引きずられて怒りを爆発させたユダヤの民は、自らを制止する力を失ってしまったのである。戦闘姿勢を固めた熱心党を中心とする急進派と、ローマ帝国との無駄な戦争を避けようとする停戦派との内紛がしばらくの間続き、エルサレムなどでは多くの死者を出したが、主導権は次第に急進派によって握られていった。

エルサレムに配備されていたローマ兵は殺されたり、撃退されたりした。エルサレムの暴徒を制止しようとしたシリア総督(ユダヤも含めた小アジア一帯の属州統治の責任者)の軍隊も逆に撃退され、敗走する始末で、ユダヤ反乱軍の士気は大いに高まった。また死海西岸の要塞につめていたローマ軍が、ユダヤ人急進派の反乱軍に奇襲され、全ローマ兵が殺害されるという事態も発生した。決して戦争を望んでいなかった多くの民も、初期の勝利によってかもし出された急進派反乱軍の士気に次第に引きずられていった。自殺行為にも等しい全面戦争への準備が、こうして整えられていったのである。

シリア総督の率いるローマ軍が敗走したことを知らされた皇帝ネロは、ユダヤ反乱軍の殲滅《せんめつ》を将軍ウェスパシアヌスに命じた。紀元六七年春、シリアの首都アンティオキアに集結した六万の大軍を率いたウェスパシアヌスは、地中海沿岸を南下し、サマリアの都市カイサレアへと軍を進めた。内紛が絶えず、まとまりのないユダヤの反乱軍は、ローマ帝国きっての軍師ウェスパシアヌスの大軍を迎え撃つ破目となったのである。

エルサレムに神殿が立つ限り

ウェスパシアヌス配下の三軍団と数々の補助隊、同盟諸国の兵あわせて六万の軍勢は、フェニキアの海岸都市プトレマイスを経てパレスチナ・ガリラヤ地方の攻略を開始し、まずはデカポリスなどの諸地域を制圧した（六七年五月～六八年三月）。統率力を欠いていたユダヤ反乱軍は、しょせん有能なローマ軍団精鋭兵の敵ではなかった。

紀元六八年春以降、ウェスパシアヌスはサマリアのカイサレアに滞在し、エルサレム攻撃を準備していたが、その間ネロ帝の自殺を知らされたため、戦争の続行を中断し、一緒に従軍していた息子のティトゥスとともに情勢を見守ることにした。ネロの自殺以降ローマ帝国全体が動揺していたことに不安を覚えたからである。カイサレアを拠点にしたウェスパシアヌスはユダヤの中でまだ制圧していない諸地域を攻略したが、エルサレムへの進攻は慎重を期して控えていた。

彼がカイサレアで静観中、スペイン駐屯の軍隊に推されたS・S・ガルバが六月に帝位に就きローマへ戻ったが、七ヵ月後（六九年一月）にはフオロ・ロマーノで暗殺された。続いて皇帝に推戴されたM・S・オットーも三ヵ月で自殺し、帝国は混乱状態が続いた。捕虜となったユダヤ祭司の息子ヨセフス（後の歴史家）が予言したように、次期帝位は堅実な名将ウェスパシアヌスと思われたが、オットー帝との戦いに勝利を収めローマへ上ったA・ウィテリウス（在位六九年四月〜十二月）が元老院の承認を得て即位したことが知らされた。激怒したウェスパシアヌスと配下の軍団は、ウィテリウスを皇帝として認めることを拒否したのである。

新たに即位したウィテリウスとの対決を考えながら、ついにウェスパシアヌスは六九年五月、一年間に及ぶためらいの後、エルサレム攻略を決意した。この時まだローマ軍の制圧下になかった地域は、エルサレムを除くと、南方に位置するヘロディオンとマカイロン、それに死海南西岸のマサダ要塞を残すのみであった。

ところが、エルサレム進攻を決意してまもなく、ウェスパシアヌスはアレクサンドリアにおいて、彼の軍団とシリア駐屯の軍団により皇帝に挙げられたのである（六九年七月初め）。帝位に就いた彼は、ローマのウィテリウスとの対抗上、帝国の穀物倉庫としてきわめて重要な地点であるアレクサンドリアに留まり勢力基盤を固めるため、同行していた忠実な息子のティトゥスに全権を委ねてエルサレムを討つ決断をした。

ローマ軍にとっては幸いなことに、ウェスパシアヌス親子がアレクサンドリアで帝国の支配権を不動のものとすることに心血を注いでいた六九年秋から七〇年春にかけて、エルサレムでは、ユダヤ軍が三派に分かれて激しい内部争い、殺し合いを繰り返していた。ヨセフスの伝えるところによると、ティトゥスによる本格的なエルサレムの攻撃が始まる以前に、すでにエルサレム城壁内では市民に対する略奪や殺戮が行われ、建物は焼け落ち、穀物の多くが焼失し、神殿の至聖所は内乱の犠牲者の納骨堂と化していたという。

七〇年春、過越祭《すぎこし》(ペサハ)の時期にティトゥスが軍団を率いてエルサレムに到着した時も、ユダヤ反乱軍内部での抗争はなおも続いていた。ローマ軍との和平を望む者、ローマ軍へ逃亡しようとする者は、裏切者として処刑された。他方、ティトゥスはユダヤ側からの投降者を寛大に扱い、生命を保証したのみならず、彼らに避難の道を設けてやった。

彼はエルサレムの第三城壁(北西に位置する一番北側の城壁)の北に二軍団を配置して本陣を構えると、東西に各一軍団を布陣してエルサレムを包囲した。ローマ軍に包囲されるに及んで、三派に分かれて対立していた反乱軍はようやく共同戦線を張る体制を整えた。六万を誇るローマ軍に対し、エルサレム城壁内に閉じこもったユダヤ反乱軍は、一万人程度であり、数の上のみならず、質的にもローマの正規軍団に太刀打ちできる力を持ち合わせていなかったが、彼らは突発的なゲリラ戦で攻撃に出て、しばしばローマ軍を混乱に陥れ、将軍ティトゥスさえ命拾いをするといった場面もあった。しかし実力においてははるかに勝るローマ軍は、五月までにはエルサレムの第三、第二城壁を突破した。

反乱軍の死にもの狂いの抵抗と反撃に遭い、苦しい戦闘を繰り返しつつも、ローマ軍は七月下旬、ついに神殿領域を守るアントニアの塔の北西に位置する重厚な要塞を占拠し、ついにユダヤ軍を神殿の領域に追いつめた。戦況は次第に山場を迎え、ヤハヴェの神が祀られている、ユダヤ民族にとって絶対に侵してはならない神殿の至聖所まで巻きぞえにする様相を呈していった。

熱心党を中心とする反乱軍の信仰によれば、ローマ帝国は世の終わりにあって世界を支配する悪魔の勢力であるゆえ、最後の瞬間には神がメシアを遣わして、ローマ軍を撃破し、ユダヤ民族とエルサレムの神殿を解放するはずであった。だがユダヤ軍のそうした最後の望みと悲願は、すでに絶望へと変わっていた。

七〇年八月に入ると、反乱軍自身の手によって至聖所を取り囲む神殿の広大な柱廊の北西側に火が放たれてしまう。続いて二日後には、ローマ兵によっても火がつけられ、神殿領域内へ侵入しようとするローマ軍と、それを阻止しようとするユダヤ軍との間でしばらく死闘が続いた。そして、八月中旬から下旬にかけては、ついに至聖所を取り囲む柱廊とすべての門が炎上し、神殿の中庭に突入したローマ兵は、総崩れとなった反乱軍を至聖所に追いつめたのである。

ユダヤ民族にとって最も聖なる場所である神殿の至聖所を攻撃することをためらったテイトゥスは、指揮官や将校達を集め意見を聴取した。史家ヨセフスによれば、ティトゥス自身は至聖所だけは救いたいとの意向を持っていたようであるが、大方の指揮官達の一致した主張は、「エルサレムに神殿が立つ限り、ユダヤ人は世界各地からやって来て、繰り返し反乱、改革騒ぎ、蜂起などを起こすであろう。そうした反乱の拠点、支柱となる神殿は焼き払い、破壊すべきである」というものであった。そして八月末、一段と高くに位置する神殿の至聖所に突入したローマ兵により松明が投げ込まれ、ついに神殿は炎上した。全ローマ帝国に四散したユダヤ民族にとって、最も尊く、この上なく聖なる支えである神殿が炎上したのである。

激しい炎を噴き上げる神殿の丘を遠方より見たエルサレム市内の人々は絶望と悲嘆にくれ、絶叫した。広い神殿領域には、逃げ込んだユダヤ軍兵士のほか、おびただしい数の市民や過越祭のため遠路はるばるエルサレムへやって来た外来の老若男女が避難していた。

燃え上がる神殿内は、怒りと憎しみで興奮したローマ兵による殺戮と掠奪の場と化した。そこに居合わせた者は、女、子ども、老若の区別なく無差別に虐殺され、神殿内の祭壇付近をはじめ、至るところに堆《うずたか》い死体の山ができていった。神殿柱廊の一角に逃れていてローマ兵に殺された民衆だけでも、六千人にのぼったといわれる。神殿の丘で助けを求めて逃げまどう人民の叫びに市中の人々の叫びが加わり、それは大叫喚となって燃え上がるエルサレムの夜空に響きわたった。

紀元70年のローマ軍によるエルサレム占領
と破壊の様子を描いた銅版画（1713年作）

細部に至るまで贅《ぜい》を尽くして建立されていた神殿の宝物庫には、想像を上回る金銭、財宝が積み上げられていたが、これこそローマ兵の期待していた掠奪品だった。この時ローマ兵達があまりにも多くの金、銀、財宝を手に入れたため、のちにシリア全土で金の相場が半分に下落したとさえ伝えられている。

焼け落ちた神殿は戦争後、ティトゥスの命令により、かつてそこに神殿が立っていたことなどまったく想像できないほど徹底的に破壊され、平坦地になるまでその作業は貫徹されることになる。そしてその後、エルサレムの神殿が再建されることは二度となかった。しかしユダヤの民は、失われた神殿を再び見ることができなかったがために、その思いを永久に記憶に留め、ヤハヴェの神の民として民族共同体を生かし続ける新しい活力を得ていったのである。

ティトゥスの最後通告

神殿がローマ軍に占領され、炎上したため、ユダヤ反乱軍の残党は神殿を脱出して西方一帯に広がる市中へと逃げ込んだ。神殿から市中へは一本の橋がかけられていた。焼け尽きた神殿を背後に、向い側(市街)の反乱軍と対峙《たいじ》した若き将軍ティトゥスは、彼らに次のような最後通告を言い渡した。

おまえ達はわれわれわれの力を侮り、……向こうみずな激情と狂気で民衆と都と神殿を滅ぼした。当然の報いとして、おまえ達も破滅の運命に定められている。……おまえ達はローマ人が寛大であるのに目をつけてわれわれに立ち向かった。……われわれはおまえ達の先祖伝来の律法を尊重し、おまえ達の間ではもちろんのこと、異邦人の間でも、おまえ達が望めば律法に従って暮らせるようにしたではないか。とりわけわれわれは、おまえ達が神に捧げる献金を(全帝国で)徴収し、奉納物を集めることを認め、それらを携えてきた者に口出しや手出しをしなかった。……そして、おまえ達はそうした数々の特権を享受しながら、それを豊かに与えてくれた者達に対して武器をとったのである。

神殿を失った今、おまえ達はいったいどのような保護を受ければよいと思っているのか。……神殿は消失し、都は私の配下にあり、おまえ達の命は私の掌にある。……武器を捨てておまえ達の身柄を引き渡しなさい。そうすれば命だけは保障しよう（ヨセフス著『ユダヤ戦記』三巻一七六〜一八〇ページ参照引用）。

しかしユダヤの反乱軍はティトゥスの最後通告に従おうとせず、他の要望を出してきたため、激怒して忍耐を失ったティトゥスは、ついに次の宣告を下した。

もはや私のもとへ投降したり、保護を求めたりしても無駄である。……おまえ達がどうしても生きながらえたいのであれば、死にもの狂いになって戦うがよい。私の今後の行動はすべて戦争の掟に従うであろう（同一八〇〜一八一ページ）。

そうしてついにティトゥスは、兵士達にエルサレムの都全域に火を放ち、掠奪を行うことの許可を下したのであった。高台の神殿を失ったエルサレムの至るところに火が放たれ、掠奪と殺戮がほしいままに行われていった。

都はほとんど一ヵ月にわたって燃え続けた。市内の路地という路地には死体の山が築かれ、全市でおびただしい血が流れ、火がその血で消えるほどであったといわれる。ローマ兵の手にかかる前に疫病や飢餓で死んだ人々も数限りなかった。

一ヵ月に及ぶ殺戮行為に兵士達がすっかり飽き、疲れ果てているのを見て取ったティトゥスは、生存者で抵抗しない者は捕虜として生かしておくように命じ、捕虜は奴隷にして売ったり、見ばえのよい者はローマでの凱旋式の見せ物にしたりするよう定められた。中にはティトゥス将軍への贈物として闘技場などで野獣の餌食にされた捕虜もいたという。

紀元七〇年九月二十六日、一ヵ月にわたって炎上したエルサレムの都は、燃え尽き陥落して、四年以上に及んだユダヤ戦争はついに幕を閉じた。

ローマ軍の捕虜となった者九万七千人、エルサレム包囲戦の死者は百十万人に上ったとヨセフスは記している（タキトゥス『歴史』によれば六十万人であったといわれる）。

神殿と同じようにエルサレムの都も、守備兵のための西側の城壁を除いては、徹底的に破壊されるべきことが、ティトゥスによって命じられた。そして、このユダヤ戦争によってユダヤの民のその後の放浪の運命は完全に決定づけられたのである。

たそがれのティトゥス凱旋門

昨年（二〇〇〇）の春、私は再びローマを訪れた。主な目的は、本書を執筆するに当たってヴァティカン文書館と法王庁グレゴリオ大学図書館で調べものをするためであった。幸い、法王庁教育省次官のヨゼフ・ピタウ師（大司教）の特別な配慮をいただいたため、入館の容易でないヴァティカン文書館も何ら支障なく利用でき、同文書館のチェザーレ博士の懇切丁寧な案内も受けることができた。宮殿そのものであるヴァティカン文書館のすばらしい壁画に見とれながら、新しい資料を得ることもできた。

私にとっては七度目のローマ訪問であったが、この時は西暦二〇〇〇年というミレニアムを記念する年に当たっていたためさまざまな催し物や特別企画が実施されており、古代ローマの心臓部であるフォロ・ロマーノやパラティーノの丘などに自由に出入りできるという僥倖に恵まれた。一都市国家から出発して大帝国を築いたローマの支配、行政の原点であるフォロ・ロマーノの広場を無料で、しかも時間に制限なく、心ゆくまで堪能できたのはまさに幸運というしかない。

ドイツへの帰国が迫った日の夕方にも、私はいま一度このフォロ・ロマーノを訪れた。カトリック教会の総本山ヴァティカンが聖年（ハイリゲスヤール）ということもあり、ローマはどこもかしこも世界中からの巡礼者であふれていたが、その日はすでに時間も遅かった

カピトリーノの丘からフォロ・ロマーノを望む。左手前の列柱はサトゥルヌスの神殿跡

せいか、フォロ・ロマーノにはほとんど人影もなく、静まりかえっていた。開放されたままの北側の入り口から広場に入ると、西方カピトリーノの丘は夕焼けに染まり、サトゥルヌス神殿の列柱がくっきりと黒いシルエットを描き出し、なんともいえない古代の情景をかもし出していた。

ヴィア・サクラ（聖なる道）に出ると、私の足は自然と東側に位置するティトゥス凱旋門のほうへと向かっていた。ユダヤ史をコツコツ手がけてきただけに、フォロ・ロマーノの数限りない遺跡の中で、私をいつも引きつけてやまないのが、ユダヤ戦争の戦勝記念碑である、このティトゥス凱旋門なのである。ユダヤの民の千九百年に及ぶ放浪の運命を決定づけたシンボルともいうべき凱旋門の内側の壁には、エルサレムの神殿から押収した戦利品である黄金の机や七枝の燭台を担いでカピトリーノの丘へと凱旋行進するティトゥス将軍下のローマ軍の姿が見事に彫刻されている。その中で特にユダヤ教の象徴である七枝の燭台は、ひときわ目立って高々と大きく描き出されている。

この凱旋門は、ローマに残されているもののうちで最も古く、のちに皇帝となるティトゥス（在位七九〜八一）が没した直後に建立されたとされ、門の東側正面上方の碑文に刻まれているように、ユダヤ民族の反乱を徹底的に打ちのめしたティトゥス将軍とその父帝ウェスパシアヌスに捧げられたものである。一八二三年、時の教皇ピオ七世によって発掘、修復されたことが、西側正面上方のラテン語碑文に記されている。千九百年以上にわたる風雨に耐え、現在に至るまでオリジナルな姿で残されているこの意義深い石刻を見つめ、思いをめぐらす時、私はしばしばわれを忘れるのである。

史家ヨセフスの伝える『ユダヤ戦記』の記述を辿りながらティトゥス凱旋門内側の描写を見つめると、まざまざと当時の様子がよみがえってくる。対ユダヤ戦争における勝利の凱旋行列が、いかに興奮と栄光に満ちた豪華なものであったかは、筆舌に尽くし難かったという。

ローマ帝国の支配とユダヤ民族の宿命的な関係を、ティトゥス凱旋門ほど象徴するものは他にあるまい。

聖書と律法の民に

パレスチナのユダヤ民族と違い、全ローマ帝国に四散していた数百万におよぶディアスポラ・ユダヤ人にとって、紀元七〇年におけるエルサレムの滅亡と神殿の破壊は、彼らの立場を変えるものではなかった。東方のヘレニズム世界にあっては引き続き多くのユダヤ教への改宗者があり、宗教民族集団としてのユダヤ人の地位は固まっていた。

ローマによって征服されたユダヤにおいても、民族宗教が崩壊、消滅してしまったわけではなかった。熱心党の終末信仰に引きずられてユダヤの民がエルサレム死守に奔走していた時、それに同調せずユダヤ教の共同体を別のあり方で存続させようと自覚していたグループがあった。その代表者のパリサイ派賢人ヨハナン・ベン・サカイは、滅亡寸前のエルサレムを脱出して、西方の地中海沿岸の町ヤブネに教学所を設けるとともに、ユダヤ議会（サンヘドリン）をそこに開設して、エルサレムの神殿を失ったユダヤ民族の新しい宗教共同体としての生き方を築いていったのである。

そのためにはヤハウェの神の神殿とその教えを司っていた祭司団に代わって、神の教え

ユダヤ戦争勝利の記念碑、ティトゥス凱旋門

律法の喜びの祭（シムハット・トーラー）

である聖書と、信仰生活において守り実践すべき神の掟及びその律法を、ユダヤ民族全体のために確定する必要が生まれた。そうした中で神の教えと掟について高度な見識と権威を持った律法学士（ラビ）が次第にユダヤ教団の中心的存在となっていったのであった。

　紀元前一〇世紀頃からヘブライ語で書かれてきたユダヤ教の聖書（のちの旧約聖書）が、紀元前三世紀にディアスポラ・ユダヤ人最大の拠点であるアレクサンドリアにおいてギリシャ語に訳された（七十人訳）ことは、すでに述べた通りだが、エルサレムを逃れたヤブネの賢者達が、民族宗教の永続のために果たした決定的な役割は、ユダヤ教の正典としての聖書の確定であった。紀元九〇年頃、ヤブネで開催された正典編集委員会議に律法学士達が集まり、どの書物を正典に採用し、どれを除外するかの作業をすることにより、ヘブライ語聖書の正典を慎重に決定した。そうしてユダヤ教の信仰と実践は、聖書の一字一句に基づくという認識の源を確立したのである。こうしてヤブネに生まれたユダヤ共同体は、常に生活の中心であった神殿に代わって、絶対的な基準（カノン）である正典聖書を所有することになった。また同じように紀元一世紀末までにディアスポラ・ユダヤ人のためのギリシャ語訳も、モーゼ五書（律法、トーラー）のほか、預言書（ネヴィーム）、諸書（ケトヴィーム）を含む正典として成立していったのである。

他方、七十人訳聖書はヘブライ語からの翻訳の際、必然的にいろいろな聖書解釈を生むようになり、ユダヤ的な考え方や思想をギリシャ哲学によって説明する道を可能にした。アレクサンドリアのユダヤ人哲学者フィロは、その最も代表的な人物である。

またユダヤ人が聖書の民として、神と律法の教えを守り、一定の生活習慣を堅持していくための枠組として、十二ヵ月の太陰暦からなるユダヤ暦も制定された。こうしてユダヤ民族共同体の基盤を築いたヤブネのユダヤ議会の中からは、総主教職（ナスイ）が生まれるようになり、ユダヤ人を迫害したドミティアヌス帝（在位八一〜九六）の死後、ローマ帝国側は、総主教の首長としての地位を正式に承認したのである。その結果、総主教の権威はローマ帝国全域におけるユダヤ人共同体の首長として確立され、かつてのエルサレムにおけるエトナルケス（大祭司、民族支配者）に代わるものとして形成されていった。

ディアスポラ・ユダヤ人の蜂起

四年以上に及んだ困難の末、ユダヤ戦争を片づけたウェスパシアヌス帝は、全帝国のユダヤ人に対し、彼らがエルサレムの神殿に納めていた従来の神殿税にならうものとして、年間二ドラクマのユダヤ人税（Fiscus Judaicus）を課し、ローマ・カピトリーノの丘にあるユピター神殿に納めることを定めた。

ローマ皇帝の承認の下に全帝国のユダヤ人青年男子から集めた神殿税を納めていたエルサレムの神殿が滅亡した今、それを帝国最高のユピター神殿に納めさせることにしたのである。だが、ウェスパシアヌスのこの政策は、少なからずユダヤ民族の反感を買った。この規定により帝国の全ユダヤ人は、初めて宗教信条ゆえに納税義務を負わされ、しかも彼らが絶対に受け容れることのできない異教の神ユピターの神殿に納付すべきと定められたからである。

ウェスパシアヌスの息子で、ティトゥス帝の後を継いだ弟のドミティアヌス帝がこのユダヤ人税を厳しく取り立てたことを、二世紀前半の史家スエトニウスは『皇帝伝』で伝えている。その厳しさは異常といえるほどで、九十歳の老人でさえ、官憲の前で裸にされ、割礼を受けているか否か、つまりユダヤ人としての納税義務の有無を調べられたほどであったという。

ティーンエージャーの若者として、兄のティトゥスとともに父に従軍し、対ユダヤ戦争に参加したドミティアヌスは、皇帝になるとユダヤ民族に対して残忍な態度をとった。初代キリスト教徒の迫害者としても有名なドミティアヌスは、《主にして神なる者》と自称し、ユダヤ教への改宗を、ローマの神々を信じない背徳行為と宣言し、死刑をもって脅迫した。ドミティアヌス帝の治世に、ユダヤ征服を記念する貨幣の鋳造が目立つのも、彼の若い時代からのユダヤ人憎悪の表れと見てよいのではなかろうか。その後、短いネルヴァ帝（在位九六～九八）の治世になると、対ユダヤ人政策や厳しい徴税は緩和されたことが伝えられている。

ユダヤ戦争の勝利を記念する貨幣。
ユダヤは征服されたと刻まれている

しかしローマ帝国の版図が最大になるトラヤヌス帝（在位九八～一一七）時代に入り、帝自らによる東方征服政策の圧力がオリエント各地に及ぶようになると、ディアスポラ・ユダヤ人の蜂起が相次ぐことになった。アレクサンドリアをはじめ、リビア、キュレナイカ、キプロス、そしてメソポタミアでもディアスポラ・ユダヤ人の反乱が頻発したのである。

蜂起の背景や原因については史料不足のため必ずしも明らかでないが、ローマ支配の東方への拡大と重圧に対するユダヤ人も含めたオリエント諸民族の抵抗が、その要因であったことは疑いない。また当時の天災、大地震などによって生じた不穏な状況と終末思想の高まりも背景となっていた。特にアレクサンドリアにおける反乱は、ユダヤ人の終末観とメシア到来の期待の高まりや興奮が、宿敵ギリシャ人への攻撃となって爆発したものであった。J・マイヤーの研究によると、ユダヤ戦争の際に生き残ってローマ軍の捕虜となり、奴隷としてオリエント各地へ売り飛ばされた熱心党の反ローマ感情も、ディアスポラ・ユダヤ人蜂起に一役買ったといわれる。

北アフリカのリビアやキュレナイカにおいても同じような背景で、ディアスポラ・ユダヤ人の蜂起があり、急進的な破壊行動と激しい殺戮行為を伴った。特に攻撃の目標はローマ支配の建物や神殿に向けられ、各地を荒廃させ、放火や殺害行為が続いた。叛徒は東方のエジプトへと向かい、紀元一一六年夏、シリアから戻ったトラヤヌス帝の軍隊によって、やっと制圧される始末であった。キプロス島のサラミスでは、ディアスポラ・ユダヤ人の蜂起により、二十四万から二十五万人に上る民衆が生命を失い、ローマ軍により反乱が鎮圧されてからは、ユダヤ人がキプロス島に住むことは厳しく禁止された（J・マイヤー『古代ユダヤ史』一〇四ページ参照）。

また紀元一一四年、アルメニアを征服したトラヤヌス帝は、メソポタミア地方へと軍を進め、一一六年の初めにはペルシャ湾にまで到達したが、トラヤヌスは突如としてそこで、メソポタミア全域からシリアにまで及ぶ地域の反ローマ蜂起に出くわした。苦戦し、援軍によって危機を脱したものの、彼は征服地を放棄して撤退しなければならない破目に陥ったのである。

このメソポタミア地方をあげての反乱で屈辱を味わったトラヤヌス帝は、将軍L・クイエトゥスに命じてメソポタミアとシリアのユダヤ人を撃破させ、この地方からユダヤ人を追放し、一掃しようとした。

これらのディアスポラ・ユダヤ人の蜂起の際には、ユダヤ戦争で徹底的に制圧されたパレスチナにおいても、反乱があった。

東方征服政策遂行のさなかに、オリエント各地でユダヤ人をはじめ、諸民族の激しい抵抗、反乱に遭遇したトラヤヌス帝は、一一七年、全体の蜂起を鎮圧したのち、帝国東方の守りを強化するためにシリアの軍事力を従来の一軍団から二軍団へと倍増しなければならなかったのである。

以上、ごく簡単に述べたが、アレクサンドリアのディアスポラ・ユダヤ人の暴動、蜂起に端を発したローマ帝国東部全域におけるユダヤ人の反乱は、帝国のオリエント地方における支配の拡大、圧力に対するユダヤ民族の抵抗であり、またユダヤ人を嫌うヘレニスト・ギリシャ系住民との対立、抗争の表れでもあった。ユダヤ大戦争に次ぐ、このディアスポラ・ユダヤ人の蜂起は、またまたローマ帝国に、警戒すべき民族、決して同化しない民としての姿をまざまざと見せつけた。そして同時に彼らの反乱は、ローマ帝国の支配を最大版図にまで拡大したトラヤヌス帝の東方征服策を断念させることになったのである。

ハドリアヌス帝の弾圧

ナチ時代に、東欧を含むヨーロッパのユダヤ人がほとんどまったく抵抗することなく、長年にわたり虐殺され続けたことについては、被害者であるユダヤ人自身も、「なぜわれわれは、こんなむごたらしいことを無抵抗で許してしまったのか」と反省、自問し、後悔せざるを得ないほどであった。

終戦後、この悲劇を振り返って民族の歴史を回顧したユダヤ人は、先人達が敵に対し、決して無抵抗でなかったことを知る。その中で特に彼らは、ローマ時代の先人達が世界帝国の支配に対し、絶対に勝てないと知りつつも、究極における救いを固く信じ、ヤハヴェの神の神殿や戒律を死守し、とことんまで抗戦して果てていったことについて、つくづく考えさせられたのであった。

そうした回想の中で、ローマ帝国に対する最後の大々的な抵抗であったバル・コホバの反乱（一三二～一三五）に見るユダヤ民族の行動は、ことのほか英雄的であったと理解され、第二次大戦中における現代ユダヤ人の無抵抗の悲劇と対比され、議論されている。強大な支配者ローマに対し、勇敢に立ち向ったバル・コホバ蜂起は、現代のイスラエルにおけるアイデンティティ形成上の英雄像としても記憶されているのである。

では、ハドリアヌス帝（在位一一七〜一三八）時代に起こったユダヤ民族最後の大反乱とは、いったいどのようなものだったのであろうか。

当時のローマ帝国は依然として繁栄期にあったとはいえ、ハドリアヌス帝時代に入ると、攻勢から守勢へと一大転換をすることになる。トラヤヌス帝によっていったん征服されたオリエント地方は放棄され、帝国辺境の守りを固める作業がハドリアヌスによって地道に進められていく。紀元一二〇年代になると、帝国の辺境各地、スペイン、ブリタニア（イギリス）、ドナウ河流域などにはハドリアヌス城壁が次々と建設されていったのである。

ハドリアヌス帝の対ユダヤ政策は、前任者トラヤヌス帝の弾圧策をそのまま継承するものであった。彼は治世前半においては、帝国内の体制整備や辺境地帯の防備に追われていたため、ユダヤ民族に対する圧迫は緩和されていた。しかし一二七年になると、ユダヤ人の存在を根本から覆すような、割礼禁止の勅令が打ち出される（スエトニウス『ハドリアヌス伝』一四章二）。

男性の性器に消えることのない傷をつけるというユダヤ教の儀礼は、ハドリアヌスにとって、男を性的不能にする去勢行為に通じる野蛮でいまわしい慣習と映った。一方、ユダヤ教徒男子にとって、割礼はヤハヴェの神との消えることのない契約の絆である。その欠かすことのできない割礼の禁止は、ユダヤの民にとって致命的であり、絶対に容認できるものではなかった。

果たして割礼禁止の勅令がどこまで厳格に実施されたかは明らかでないにしても、これ以後、ユダヤ人による地下抵抗運動が形成されていったのである。

それでも、数の多いユダヤ民族をうまくヘレニズム・ローマ世界に統合することを意図していたハドリアヌス帝は、紀元一三〇年から一三一年にかけてのパレスチナ滞在中、ユダヤ人に対して宥和策をとり、ヘレニスト人民の反対を押し切って、都市エルサレムの再建、さらには神殿の再建すらほのめかしたといわれる。

しかしながら、ユダヤ民族をヘレニズム・ローマ世界の生活習慣に融合させることが不可能であることを知ったハドリアヌス帝は、一三一年以後、改めてユダヤ教、ユダヤ的なものの撲滅を図る厳しい弾圧政策を打ち出した。ユダヤの民の非妥協的な結束について、ハドリアヌスには明らかに誤算があったのである。

史家ディオ・カッシウス(一五〇頃〜二三五)の伝えるところによると、帝はエルサレムの廃跡に新しいローマ植民市、アエリア・カピトリーナを建設し、かつての神殿の敷地にはユピターに捧げられた新しい神殿を建立したといわれる(『ローマ史』六九章一二)。

実際にはすぐ建てられたのではなく、ユダヤ的なものを絶滅させるために、そうした計画が打ち出されたと見るべきであろう。だが、ユダヤ人にとって最も聖なる都の至聖なるヤハヴェの神の神殿跡にユピターの神殿を建てるということは、神に対する冒瀆行為であり、許すことのできない、耐え難いことであった。

最後の抵抗、バル・コホバ戦争

この「聖なるものを汚す」計画が知れわたると、ユダヤ各地から人民が波のようにエルサレムへと押し寄せ、興奮した民衆は今こそと、メシアの来臨を期待した。

当時、ユダヤ精神界の最高の指導者ラビ・アキバは、反乱を率いる指導者バル・コホバ(星の子、本名シメオン・バル・コシバ)の出現にメシアの到来を見て取った。聖書の預言「ヤコブ(ユダヤ民族の家系)より一つの星が現れ……」は今や実現したかに見られた。

割礼を厳しく禁止するということは、ユダヤ教徒の発生を禁じることであり、ユダヤ教徒を根こそぎにすることを意味する。そのため、ユダヤ民族にとって、相手が誰であろうと、もはや抗戦以外に道はなかった。こうしてエルサレム地域を中心とするユダヤ民族のローマ帝国に対する最後の反乱が始まったのである。

エルサレム周辺を中心に、突如として一斉に蜂起したユダヤ民族の前にローマのユダヤ駐屯軍はまったくふいをつかれて狼狽した。蜂起の知らせがユダヤ各地に広まると、抗戦への参加を希望するユダヤ人志願兵が戦地に大挙して集結した。反乱軍はローマの精鋭兵とまともに戦うことを避け、絶えずローマ側を混乱させるような突発的ゲリラ戦と地下組織による攻撃を繰り広げ、一三一年のうちには事実上エルサレムを解放してしまうのであ

ローマ帝国への最後の抵抗を指揮したバル・コホバの手紙（1950年に発見された）

紀元133年頃のユダヤの貨幣。バル・コホバ戦争でのエルサレム解放を記念したもの

る。さらにガリラヤからユダヤ人の大規模な援軍が加わると、翌年にはユダヤ地方の大部分がユダヤ民族の支配下に置かれてしまうことになる。そしてバル・コホバ指導下の反乱軍は、彼を統治者（ナシイ）として中央集権体制をしき、ほぼ二年間にわたってユダヤ、ガリラヤ一帯の支配を実現したのであった。二軍団からなるさすがのローマ軍も、一三三年の初めまではユダヤから撃退され、守勢に甘んじざるを得なかった。

この時期に「イスラエルの救い」とか、「エルサレムの解放」という文字が刻まれた貨幣さえ発行されていたということは、たとえそれが一時的であったにせよ、当時ローマ帝国の弾圧から解放されたという意識がユダヤの民の間に広まっていたことを示唆している。

しかし一三三年に入ると、ハドリアヌス帝は、彼の最も有能な将軍ユリウス・セヴェルスをブリタニアから召還し、四軍団と多くの補助隊、軍船を与えてバル・コホバ反乱軍を討伐させることにした。

エルサレムの都は、ユダヤ戦争で破壊されて以来、ローマ軍の反撃に耐える防壁を持っていなかったため、バル・コホバはエルサレムの南東にある町ヘロディオン（キリストの生誕地ベツレヘムのすぐ北）に本拠を構え、軍の指揮をとっていた。

エルサレムやヘロディオン周辺には、数多くの地下道が掘られ、相互に連結し、攻防戦に用いられていた。しかし慎重なセヴェルス将軍の下に、四軍団と補助隊などからなるローマの強力な部隊が戦闘に投入されると、ユダヤ反乱軍はたちまち総崩れとなり、一三四年初めには、エルサレムは完全にローマ軍の手に落ちてしまう。そしてエルサレムの南方八キロにある要塞へロディオンに立てこもったバル・コホバ軍は、水と食糧を断たれ、それでも長期間にわたり決死の持久戦を続けるが、一三五年八月、バル・コホバの戦死をもって、蜂起は完全に鎮圧されてしまうのである。

史家ディオ・カッシウスによれば、この反乱で兵士だけでも五十八万のユダヤ人が生命を失ったとされる。パレスチナでは九百八十五の村落がローマ軍によって徹底的に破壊され、ユダヤ民族の郷土は廃墟と化し、生き残って捕虜となったユダヤ人一万人は、奴隷としてローマ帝国各地へ売り飛ばされた。戦後のパレスチナではほとんど人影が絶え、ユダヤの伝承タルムードによれば、半世紀にわたり鳥の飛ぶ姿すら見られないほどであったという。まさにユダヤの地からユダヤ民族が一掃されたかの如くであった。

しかしローマ側の損失も決して少なくなかった。そのため、ユダヤ戦争の時のようなローマでの凱旋式もなければ、勝利を記念する貨幣の鋳造もされなかったのである。

反乱鎮圧後、ハドリアヌス帝はユダヤ教を撲滅すべく、厳しい迫害を行った。

ユダヤ民族にとって信仰と心の絆であるエルサレムには、アエリア・カピトリーナという納税義務を負わされた植民市が建設され、ユダヤ人のエルサレム立ち入りは、年に一日だけ、アヴ月（八月）九日（神殿が破壊されたことを嘆く日）を除いて、死刑をもって禁じられた。ヤブネにあったユダヤ教の指導者議会サンヘドリンは解散させられ、ユダヤ教民族共同体の形成の源である割礼、戒律の遵守、シナゴーグでの集会、礼拝などは、すべて死刑とされたのである。

こうした一連の処置は、まさにユダヤ教とその伝統の根絶を意図した迫害であり、ヤハヴェ神信仰の放棄を拒否した多くの殉教者の血が流された。この時に生まれた殉教録とその伝承は、英雄的なバル・コホバ蜂起とともに、またしても祖国を失って最終的に放浪の民と化したユダヤ民族の間に永久に記憶され、彼らを支える活力となっていったのである。

もっとも、ユダヤの民にとっては幸いなことに、反乱終結の三年後にハドリアヌス帝が没したため、この組織的なユダヤ人の迫害は緩和されていくことになる。

ユダヤ教撲滅のために激しい弾圧を行ったハドリアヌス帝

本章における考察から明らかになったように、ユダヤ民族の蜂起や反乱には、政治、経済、社会的な要因もからんではいたが、しかしどちらかといえば、彼らの宗教的民族共同体の存在が危機にさらされた時に発生している。しかもそうした際の抵抗や抗戦は、常に生命がけのものであった。

たとえばユダヤ民族にとって欠かすことのできない割礼という宗教儀礼が、ギリシャ人やローマ人からは特異な因習として忌み嫌われ、嘲笑されても、ユダヤ人はそれに耐えていくことができた。しかし割礼が禁止され、それが弾圧や迫害の根拠となった時、彼らは立ち上がったのである。しかもその抵抗、抗戦は決死の覚悟のもとに行われ、多くの殉教者がつきものであった。

さらに、われわれが注目すべきことは、ユダヤ人がこぞって蜂起したのは、決まって彼らが窮地に陥り、終末観やメシアへの期待が高まった時であったことである。

しかし反面、ユダヤ民族は政治的な妥協においても決して無能ではなかった。

強大なローマ支配の庇護下に生きるということは、大多数を占めていたディアスポラの民としてのユダヤ人には、無視することのできない関心事であった。したがって彼らは、自分達の宗教的民族共同体としての存在が保証されている限りにおいて、支配者に追従し、依存していったのである。

古代社会において、ユダヤ民族は独自の選民意識、民族固有の宗教、戒律、儀式、慣習などの厳守により、ギリシャ・ローマ人や他の諸民族から自己を明確に区分し、結束を固めて、他に同化しない生活をしていた。そのためしばしば非難の的となったし、自分達の神以外は一切の神々を拒絶したため、ヘレニスト達からは、「無神論者」とさえ誹謗されたこともあった。一時的には皆殺しや根絶の恐怖にもさらされ、実際の迫害にも出くわした。

しかし、ユダヤ民族の存在そのものを否定するといった近代アンティセミティズムやナチズムのような反ユダヤ思想との対決は、古代ローマ社会においてはなかったのである。

第3章　初代教会の発展とユダヤ人

パウロの回心（「使徒行録」）を描いたM・
メリアンの聖書銅版画（1630年）

ローマ帝政初期にユダヤ教を母胎として生まれたキリスト教は、遅かれ早かれ、ユダヤ教と対立する運命にあった。それは両宗教が、それぞれ独自の教義に基づく一神教を信奉し、主張することを基本原理としていたからである。天地の創造主、万能の神を信仰する一神教という意味では、ユダヤ教徒もキリスト教徒も同一の神を信じていたといえるが、キリストの出現により、キリストをメシア、救世主として信仰するグループが生まれて、両者間の分離、決裂が生じていくことになるのである。

やがては民族宗教としてのユダヤ教の教えや戒律、伝統を超越して、普遍宗教へと発展していくキリスト教が、大帝国を築いていたローマ時代に成立したということは、深い宿命的意味を持っている。

本章ではローマ帝国において世界宗教への道を辿り始める初代キリスト教会が、どのようにしてその生みの親であるユダヤ教とユダヤ民族の壁を越えていったのかを明らかにしてみたい（一般に新約聖書が成立する紀元二世紀前半ぐらいまでの教会を「初代教会」と呼び、十二使徒が活躍していた紀元六〇年頃までの教会を特に「使徒教会」と呼ぶ。なお、初代教会を含めた古代の教会を広い意味で「古代教会」というが、本書ではラテン教父が登場する二世紀後半以降の教会を指して「古代教会」と呼ぶことにする）。

その際、ユダヤ教との反目、論争の中から生まれる初代教会のユダヤ人観、反ユダヤ思想が、後世のヨーロッパ史上における反ユダヤ思想を規定する上で、きわめて重要な原点になっていることにも十分注目してみたい。

ユダヤ人キリスト教徒とステファノの殉教

キリスト教の開祖イエス・キリストも、その最初の弟子達もみなユダヤ人であったことは、われわれのよく知るところである。最初のユダヤ人キリスト教徒は、イエスが神によって約束されたメシアであるという信仰を持った点において一般のユダヤ教徒から区分されたものの、実際の生活においては他のユダヤ人とほとんど変わりない生活を送っていた。彼らはイエスの教えを信じてはいたが、ユダヤ教徒と同じように割礼を受け、律法の掟を守り、ユダヤ教の安息日や祝日に従い（「使徒行録」――以下、使と略す――二章一）、しかもユダヤ教の聖書（旧約聖書）を信仰生活の規範と仰ぎ、神殿に絶えず参拝し、会堂（シナゴーグ）での集会にさえ参加していた（使二章一八、三章一一以下及びG・コルンフェルド『聖書とその世界』二巻三九三ページ参照）。

こうしたユダヤ人キリスト教徒がユダヤ教の儀礼や生活習慣から離脱していくのには長い世代を必要とした。当時存在したクムラン教団（禁欲的急進派に属するユダヤ教の一派で、契約共同体を形成していたグループ）と同じように、最初のユダヤ人キリスト教徒も財産共有の共同体を形成していた（使一章四四～四五）し、キリストの十二人の弟子という「十二」の数は、いうまでもなくイスラエルの十二氏族名に由来するものである。

この十二使徒と、彼らの下にあった信奉者達は、イエス・キリストが十字架刑に処せられたのち、復活したという信仰を堅持していた。このキリストの復活信仰と、キリストが待望されたメシアであるという確信こそ、ユダヤ人キリスト教徒がゆくゆくはユダヤ教から離れ、自己を他と区分する決定的要因となっていく。

キリストの復活信仰が生まれた直後に形成された使徒教会時代（紀元三〇頃以降）のエルサレムには、ヘブライ語を母語とするパレスチナのユダヤ人以外に、ギリシャ語を母語とするヘレニスト・ユダヤ人も数多く住んでいた。彼らは単なる巡礼者としてではなく、すべてのユダヤ教徒にとって心のふるさとであり、聖なる神殿のあるエルサレムに来て住むことを久しく願望し、それを実現していた人々であった。その他、元来ユダヤ民族に属さないものの、割礼を受けてユダヤ教徒になった異邦人も少なくなかった。ユダヤ教が古代社会において宣教活動を活発に行い、改宗者の獲得にも熱心であったことはすでに触れた通りである。

初代教会の信徒が急速に増加していったことは、歴史書である「使徒行録」によく述べられているが、ペトロを頭《かしら》とする使徒達は、最初から次の点をはっきりと主張していた。

一、ユダヤの民により十字架にかけられて死に、よみがえったイエス・キリストは、真のメシア、救い主であること（使二章二三〜二四、使二章三六）。
二、救いはこのイエス・キリストによるもの以外にはあり得ないこと（使四章一二）。
三、救いのためには悔い改め、イエス・キリストの名において洗礼を受ける（罪のゆるしを受ける）必要があること（使二章三八〜三九）。

これらの点を主張する説教を、使徒ペトロはユダヤ教の総本山であるエルサレムの神殿領域で行ったのであるから、神殿の祭司や律法学者、長老議会（サンヘドリン）の要人にとって許し難いことと認識されたのは、至極当然であった。使徒ペトロやヨハネらはすぐに逮捕され、サンヘドリンに引き出されて、イエスの名において宣教することを厳しく禁じられた上、さんざんな脅迫を受けた後でやっと釈放された。それでも彼らは、毎日神殿へ赴き、イエスの教えを宣《の》べ伝えていたのである（使五章四二）。

ここで注目すべきは、イエスをメシアとする使徒達が、日々神殿に参拝していたということは、ユダヤ教の唯一神ヤハウェを否定してはいなかったということである。彼らは、イエス・キリストをメシアとして遣わした天の父なる神を、ユダヤ教の神と同一視していたと理解しなければならない。つまりキリストは待望された救世主ではあっても、父なる神は同一なのである。それは「私に光栄を与えてくださるのは、あなた達がわれらの神と呼んでいる私の御父である」（「ヨハネ福音書」八章五四）というキリストの言葉からも疑いない。初代教会がイスラエルの神を見捨てたとか、否定したとかいう証言はまったくないのである。初期の使徒教会とその共同体は、キリストをあくまでも千数百年の伝統に立つユダヤ教の枠内で救世主と考えており、使徒教会の布教活動は、アブラハム、モーゼ以来のユダヤ民族の神を前提とした上で、ユダヤ人のユダヤ教徒を改宗の対象としていた。そして布教活動がのちに異邦人の間にも広がることにより、ユダヤ民族の神は万民の神、キリスト教の神に変わっていくのである。

使徒教会の拡大に伴い、信徒共同体の世話をする七人の助祭が選ばれたが、彼らはみなギリシャ語系の名を持った信徒であり、ヘレニスト・ユダヤ人であったと推定される。このことからもエルサレムにおける使徒教会時代にすでに、ヘブライ語ではなく、ギリシャ語を母語とするユダヤ人キリスト教徒がきわめて重要な役割を果たしていたことが見てとれる。

もともとヘレニスト・ユダヤ人は、ヘブライ語を母語とするパレスチナのユダヤ人とは別に、エルサレムで独自の団体を形成し、独自のシナゴーグを持って集会をしていた。そうしたヘレニスト・ユダヤ人の中から使徒教会において責任のある役割を果たす改宗者が数多く出たのである。これは後にキリスト教がヘレニズム・ローマ世界に広まっていく上で、きわめて重要な意味を持った。

そもそもエルサレムの教会で助祭が選ばれたのは、ヘブライ語とギリシャ語を話すユダヤ人キリスト教徒の間に摩擦や反目があったからであった。古代社会においてユダヤ人とギリシャ人の対立、反目が絶えずあったことは、すでに本書において何度も触れてきたが、キリストの教えに改宗した同じユダヤ人であっても、パレスチナのヘブライ語を話すユダヤ人と、ギリシャ語を母語とするディアスポラ・ユダヤ人との間には違和感や摩擦があったのである（使六章一）。

使徒教会で選ばれた七名のヘレニスト・ユダヤ人の助祭は、イエスの教えに帰依したエルサレムのヘレニスト・ユダヤ人の団体を世話し、指導していた。その中心人物が、論客であり、高い教養を身につけていたステファノであった。信仰熱心で弁も立ったステファノは、エルサレムのヘレニスト・ユダヤ人と論争した際、彼らがメシアであるキリストを受け容れず、殺してしまったことを叱責し、ユダヤ教の伝統や権威、祭司制度などを覆すような説教をした。そのため、神を冒瀆する者として民衆に捕えられ、長老議会に引き出されたが、同じことを繰り返すばかりであったため、ついに議会の法廷からエルサレム北のダマスコ門の近くへ連行され、石殺しにされたのである。こうしてステファノは初代教会最初の殉教者となった。

初代教会最初の殉教者となった助祭ステファノの石殺し
(M・メリアンの銅版画)

ヨーロッパ各地の絵画館や大聖堂を見学してまわると、必ずといってよいほどステファノの殉教を題材にした絵画、彫刻などが見られ、キリスト教世界において、最初の殉教者ステファノがいかに大きな崇敬の的になっていたかが窺われる。

ユダヤ教側からの迫害

ステファノが石殺しになったのを契機として、エルサレムでは使徒教会共同体に対するユダヤ教側からの激しい迫害が始まった。それは紀元三四年から三六年頃のことであった。とりわけその迫害の対象とされたのは、キリスト教に改宗したヘレニスト(ディアスポラ）・ユダヤ人であった。

ローマ帝国内に数百万の信徒を有するユダヤ教の総本山、聖なる都エルサレムで成立したキリスト教は、イエス・キリストを待望久しいメシアと主張することによって、すさまじい勢いで信奉者を獲得していった。その拡大ぶりを目の当たりにしたユダヤ教の最高機関サンヘドリンや祭司団、律法学者、さらには民衆もまた神を冒瀆するこの危険なグループを放置しておくことは許されないと確信したのである。その結果が初代教会に対するユダヤ教側からの最初の迫害であった。

紀元六四年、ネロ帝の時代に始まったローマ帝国側からの最初の迫害を待つまでもなく、成立まもないキリスト教集団はユダヤ教側からの厳しい迫害を経験するのである。紀元三四〜三六年頃の迫害により、キリスト教徒はエルサレムから四散することになり、サマリア、ガリレアをはじめ、遠く各地にキリストの教えを広める種をまいたのであった。

初代教会の拡大を考える上で、ステファノの殉教とそれに伴うユダヤ教側からの迫害は大切な意義を持っている。

ヘレニスト・ユダヤ人パウロの回心

ヘレニスト・ユダヤ人ステファノがイエス・キリストの教えを説いて石殺しになった時、

ユダヤ教の教えと伝統を守る熱意に燃えていたサウロ（後の使徒パウロ）という一人の若者がその場に居合わせ、石殺しの証人となった。サウロはローマ帝国領小アジア、キリキアの首都タルソの名門に生まれ、エルサレムへ出てユダヤ教学を深く修得し、律法の厳守を旨とするパリサイ派に属する若者であった。ローマ市民権を有するヘレニスト出身のサウロは、民族の先祖伝来の宗教的、精神的伝統を傷つけ、絶対に偶像に表してはいけない神が見えると主張するばかりか、「人の子（メシアであるイエス・キリスト）がその神の右に立っているのが見える」（使七章五六）などと主張するナザレ派（エルサレムのユダヤ人がキリスト教徒につけた呼称）ステファノの言動を許すことはできなかった。

サウロにとってナザレのイエスが救世主メシアであるなどということは、彼の十字架上での死に様からして、とうてい信じられないことであった。そしてイエスの教えに従うグループが、イエスの復活を公言してやまないのは、とんでもない誤信であり、思い上がりとしか理解できなかった。

エルサレムでユダヤ教側からのキリスト教徒迫害が始まった時、サウロはこの危険なナザレ派の信奉者達を取り締まる使命に燃え、その中心人物の一人として行動したのである。パレスチナを越えて、遠くへ逃散したイエスの信奉者を、男女の別なく捕えるため、エルサレムの北方二百三十キロも離れたダマスコにまで赴いた。ダマスコのディアスポラ・ユダヤ人団体に対してナザレ派の取り締まりを要請する、エルサレム神殿の大祭司からの書簡を携えたサウロは、キリストの信奉者を迫害することに血気さかんであった。

ところがダマスコの町の城門に近づいた時、サウロは突然、天からの光の輝きにつつまれてその場に倒れ、朦朧《もうろう》とした意識の中で、「サウロよ、サウロよ、なぜ私を迫害するのか」という声を聞いた。はっとして「主よ、あなたはどなたですか」とサウロが尋ねると、次の答えがあった。「私はおまえが迫害しているイエスである。さあ、立って町に入りなさい。おまえのなすべきことは告げられるであろう」(使九章三〜六)と。

これがいわゆる使徒パウロとなったサウロの回心である。

エルサレム教会の迫害者として知られていたヘレニスト・ユダヤ人で、ローマ市民権保有者サウロのキリスト教への改宗は、彼がのちに《異邦人の使徒》と呼ばれるように、ユダヤ教の一派であり、亜流としてしか見なされていなかったキリストの教えを、ローマ帝国において世界宗教へと発展させていくための決定的な一大転換を意味したのである。

回心して洗礼を受けたパウロは、まもなくダマスコのユダヤ教会堂を次々とめぐり、そこで「イエスこそが期待されたメシアであり、神の子である」ことを宣べ伝え始めたのであった。パウロの宣教の相手は、あくまでも会堂に集まって祈り、集会をしていたユダヤ教徒だったのであり、異邦人もいたがその主対象はユダヤ人であったことに注目したい。

ユダヤ人のラビ達と論争する使徒パウロ

さて、猛烈なキリスト教徒の迫害者であったパウロの回心にショックを受け、怒ったダマスコのヘレニスト・ユダヤ人達は、彼を殺そうとしたが、キリスト教徒達はひそかにパウロを郷里の町タルソへ逃れさせた。

そして紀元四三年から四四年頃、パウロがシリアの首都アンティオキアへ呼ばれた時、すでにそこには組織された大きなキリスト教徒の団体ができていた。ステファノの殉教をきっかけにして起こった、エルサレムでのキリスト教徒迫害を逃れて各地へ散った信徒達は、まもなく五百キロ近くも離れたアンティオキアにまで来て、ディアスポラ・ユダヤ人にイエス・キリストの教えを伝え、多大な帰依者を獲得していたのである。アンティオキアはローマ帝国の最も重要な都市の一つであり、総督府や軍団基地が置かれていたばかりでなく、ヘレニズム文化や商取引の一大中心地として、そしてあらゆる民族が出入りする国際都市として繁栄していた。またそこは、アレクサンドリアに次ぐディアスポラ・ユダヤ人の大集住都市でもあった。したがってエルサレムからアンティオキアへ来たキリスト教徒達は、専らそこのユダヤ人にイエスの教えを伝えることに専念したのである。しかも「ユダヤ人以外の者には、だれにも御言葉《みことば》を語らなかった」（使一一章一九）とあるように、初代教会のユダヤ人キリスト教徒たちは、民族として同胞であるユダヤ人にイエス・キリストが待望されたメシアであることを宣教し、帰依者を獲得することを目的としていたのである。なぜならユダヤ教の伝統であるメシア思想は、ユダヤ民族以外の異邦人には関心が薄く、一般に布教の対象外（少なくとも初期においては）と考えられたからであった。

ユダヤ教の壁を越えて

　ところが、イエスの教えを耳にした異邦人の中からも共鳴者が次第に出るようになっていった。パウロが国際色の濃いシリアの都アンティオキアへ呼ばれていった頃には、そこで多くの異邦人もキリストの教えに帰依するようになっていた。ローマ軍団の百人隊長コルネリオの改宗を伝える、沿岸都市カイサレアにおける使徒ペトロの布教（紀元三〇年代末から四〇年代の初め頃）も、その一例である（使一〇章一〜四八）。

初代キリスト教会はユダヤ教的、かつユダヤ民族的伝統の上に立ちつつも、すでに一世紀前半には民族宗教の枠を越える次のような主張をはっきりと持っていた。

一、神は人を差別しない。神を恐れ、敬い、正しいことを行う者は、いかなる民も神に受け容れられる（使一〇章三四〜三五）。

二、人は信仰によってのみ義とされ、主イエスの恵みによって救われる（使一三章三八〜三九、一五章一一）。

三、神は万民の主なるイエス・キリストを通して、イスラエルの民に御言葉を送った（使一〇章三六）。

アンティオキアを根拠地としてパウロが宣教活動を開始する頃になると、初代教会の信徒達は、その地の異邦人から《クリスチアノイ（キリストに従う者）》と呼ばれるようになり、ユダヤ人側からあくまでもユダヤ教の一派と見なされていた「ナザレ派」の呼称にとって代わるようになった。ここで《クリスチアノイ》とは、固有名詞として独自の存在を明示する称号、グループ名として用いられているのであって、ある実体からの派生部分を示しているものではない。

異邦人から固有の宗教団体、クリスチアノイと見なされた初代教会は、パウロの数回に及ぶ伝道活動により、ディアスポラ・ユダヤ人の散在するヘレニズム世界、特にローマ帝国東部に急速に広まった。そして、万民のための神を説くキリスト教は、母胎となったユダヤ教の枠を超越して、普遍宗教としての地位を築いていく。異邦人の使徒となったパウロの回心と布教活動こそ、その決定的な第一歩であった。それはギリシャ語を話すヘレニスト・ユダヤ人として、当時のヘレニズム・ローマ世界に通じ、またローマ市民権保有者でもあったパウロならではのことであった。

割礼論争

男性の性器の包皮を切除するというユダヤ教の儀礼が、どんなにギリシャ・ローマ世界で嫌悪されていたかは、すでに述べてきた。反面、ユダヤ教徒の側からすれば、割礼を受けていない者は《不浄》であり、したがってユダヤ教徒は割礼を受けていない者と共同生活をすることはおろか、一緒に食事すらしてはならないことになっていた。ユダヤ教徒の別名が《割礼を受けた者》(使一一章二)であったことは、ユダヤ教徒にとって割礼が絶対に欠かすことのできない神の掟であることを如実に示している。

したがって全ローマ帝国に七百万人も散在していたユダヤ人は、割礼を受けていない人、異邦人と同居することを避けるため、常に独自の集団を形成し、生活していた。例えば大都市アレクサンドリアには巨大なディアスポラ・ユダヤ人居住地区があり、しばしばそこのギリシャ人といざこざを繰り返していたことは、すでに本書でも触れてきた。ユダヤ人とギリシャ・ローマ人は割礼をめぐって相互に嫌悪し合い、反目していたのである。ユダヤ人も改宗者を募《つの》り、同胞を増やすことに決して怠慢ではなかったので、折あらば、人々を説得して、割礼を受けさせていた。特に男性の奴隷を購入した時などは、ユダヤ教への改宗以前に割礼を施してしまうのが常であった。「家で生まれた男子も、金で買われる男子も、いずれにせよ割礼を受けねばならない」(「創世記」一七章一三)という神の掟からすれば、それはまさに当然だったのである。

こうした奴隷の一方的、強制的割礼はのちに問題とされ、ローマ帝国の法律により制限されたり、禁止されたりすることになるが、この点については後述することにしたい。

さて、初代キリスト教会の発展に伴い、教会内においても割礼をめぐる激しい論争が起こった。それには次のような背景があった。

祖父のヘロデ大王と同じく、ほぼ全パレスチナを支配したアグリッパ一世は、エルサレムの初代教会を迫害し、使徒ヤコブなどは捕えられて、首をはねられ殉教した。ペトロはその時、奇蹟的に死刑を逃れ、エルサレムを去った。使徒の頭《かしら》ペトロがエルサレムを去った後、エルサレムの初代教会はイエスの兄弟といわれるヤコブ(小ヤコブ)によって司牧さ

割礼の様子を伝える中世の写本（13世紀）

れることになったが、このヤコブの下でエルサレム教会は、ユダヤ教の伝統に基づく律法主義的、保守的傾向が強まり、進歩的、超ユダヤ的、親異邦人的なアンティオキア教会やパウロの教えと対立するようになっていった。

そして、その対立の最大の争点が、割礼問題であった。特にパウロの第一回伝道旅行（四六～四八年頃）を契機として割礼を受けていない異邦人の改宗者が数多く出るようになったのは、割礼を前提とした慣習を守るエルサレムのユダヤ人キリスト教徒にとっては、見過ごすことのできないことであった。すでにパウロは小アジアやギリシャ、キプロスへの第一回伝道旅行の折、「律法によってではなく、イエスに対する信仰によってのみ、人は義とされる」（使一三章三八～三九）ことを説き、超律法主義の立場をはっきりと打ち出していた。また使徒ペトロも、パウロ以前すでに割礼や律法にとらわれない教えに立って宣教していた。ペトロが宣教の旅からエルサレムへ帰った時、割礼をキリスト教徒の前提としていたエルサレム教会の信徒から、彼が割礼を受けていない異邦人と交際したことについて攻撃を受けたことはよく知られている。

当時のギリシャ・ローマ世界で、奇妙な儀礼として忌み嫌われていた割礼を改宗の対象である異邦人、異教徒に要求することが、どんなに布教の妨げになるかをエルサレム教会の保守的、律法主義的キリスト教徒は理解しなかった。旧約の神の掟が定めるように、生後八日目の男児に割礼を施し、性器の包皮を切除することはさして抵抗がなかったものの、成人となった男性が裸にされて、ペニスの包皮を切り取られるという入信の儀式は、ギリシャ・ローマ人の間で大きな抵抗を生んでいたことは想像に難くない。

したがって古代からの宗教的民族共同体の契《きずな》としての割礼問題に決着をつけ、それを克服すること、つまり割礼の有無を問わないことを初代教会が申し合わせることは、キリスト教が万民の宗教として飛躍する上で、必要条件だったのである。

エルサレムの使徒会議

ある時、ユダヤ的思想にこり固まっていたヤコブ指導下のエルサレム教会から、信徒のグループがアンティオキア教会へはるばるやって来て、「モーゼのならわしに従って割礼を受けなければ、あなたがたは救われない」と主張したため、大論争が持ち上がった（使一五章一～二）。そのため使徒パウロやバルナバをはじめとするグループは、エルサレム教会のヤコブや長老達と話し合うため、五百キロ近い道のりをエルサレムへと上った。それは紀元四八年から四九年の頃であった。

そもそも割礼の習慣は、古代ユダヤと並んでエジプトでも目立って見られたもので、アレクサンドリアのヘレニスト・ユダヤ人哲学者フィロによって伝えられているが、一般に次のような実用的、倫理的根拠を持っていたとK・L・ネートリッヒスの研究は述べている（前掲書七一ページ参照）。

一、男性のペニスがくぼんで、ずんぐりしてしまうことを防ぐため。
二、身体全体の清潔さを保つため。
三、割礼を受けたペニスと心の同一性を維持するため、つまり宗教的、精神的な面と実際の生殖行為の相互的な結びつきのため。
四、多産の効果を高めるため、つまり割礼を受けることにより、ペニスは精液を受胎のためによりよく放出できる。
五、ペニスに神と人間との間の消えることのない契約の傷痕《きずあと》を残すことにより、人が情欲の罪に流されないよう抑制するため。

六、大それた高慢やうぬぼれに人が陥るのを守るため。

さて、エルサレムに集まった使徒ペトロやパウロをはじめとする初代教会の指導者達は、割礼問題を討議したが、エルサレムのパリサイ派ユダヤ人達は、異邦人キリスト教徒にも当然割礼を施し、モーゼの律法を守るべきことを要求した。

彼らは、異教から回心した信者はまず割礼によってユダヤの民の共同体に加わり、その上でイエスをメシアと信じる生活に入るべきことを主張したのである。しかし、ユダヤ教の儀式や律法を守るよう強制することは、ローマ人やギリシャ人のキリスト教への改宗を著しく困難にするものであることを、異邦人の改宗者を数多く輩出していたアンティオキア教会は十分知っていた。

そこで、エルサレム教会のユダヤ的伝統の上に立つ信徒に対し、使徒ペトロは「主イエスの恵みによってわれわれは救われる」(使一五章一一)ことを説き、救いは割礼によってイスラエル民族に加わることによるのではなく、ただイエスの恩寵によるものであることを力説した。そして割礼にこだわることなく異邦人、異教徒への布教活動を行うべきことを説いたのである。

また第一回伝道旅行からエルサレムに帰って来た使徒パウロは、割礼を前提としない立場に立ちながら、小アジア、ギリシャ、キプロスにおける異邦人への布教活動の多大な成果について報告した。その結果、ついには、保守的なユダヤ的伝統に立つエルサレム教会の指導者ヤコブさえも、「神に帰依する異邦人を悩ませてはいけない」（使一五章一九）として、割礼なしでの異邦人信徒の受け容れに賛同したのである。

こうして紀元四八年から四九年頃エルサレムで開かれた使徒会議は、キリストの教えがユダヤ教の伝統、割礼にこだわることなく、広くギリシャ・ローマ世界の人々に受容される条件を整えたのであった。

この使徒会議の決定は、書簡をもってアンティオキアやシリア、キリキアなどの異邦人信徒に知らされ、大いなる喜びをもって迎えられた。こうしてユダヤ教を母胎として生まれたキリスト教は、早くも紀元一世紀中頃にユダヤ教の割礼問題から解放され、普遍宗教、あらゆる人々の宗教としての道を歩み始めたのである。

《キリスト殺し》神学の形成

熱狂的な反ユダヤ主義者で、ナチス・フランケン地方長官であったユーリウス・シュトライヒャー（一八八五〜一九四六）は、ユダヤ人の強制輸送がベルリンから東方に向けて始まってまもない一九四一年十二月二十五日、自ら創刊した反ユダヤ宣伝紙『シュトゥルマー』

Der Stürmer
Deutsches Wochenblatt zum Kampfe um die Wahrheit
Herausgeber: Julius Streicher
Nürnberg, im September 1935
1935
Der Rassenmord
Dem Verderben entrissen
Das neue Gesetz
Aus dem Inhalt
Die Juden sind unser Unglück!

ナチスの反ユダヤ宣伝紙「シュトゥルマー」

において次のような主張をした。「この神に呪われたユダヤ人の血統繁殖の危機に本当の終止符が打たれるべきであるなら、その道はただ一つ、つまりこの民族を絶滅する他はない。なぜなら彼らの父は悪魔だからである」と。

この発言には明らかに次の「ヨハネ福音書」にあるイエスの言葉が反映していた。

どうして、あなた達に私の話が理解できないのか？　それは、私の言葉を聞こうとしないからである。あなた達は、悪魔を父に持ち、その父の望みを行おうとしている。彼は、真理において固まっていなかった。なぜなら彼には真理がないからである（同書八章四三〜四四）。

シュトライヒャーはこの「ヨハネ福音書」の箇所をユダヤ人抹殺の根拠に利用しようとした。福音書の最も激しいユダヤ人弾劾の箇所を引き合いに出して、まもなく始まろうとしているユダヤ人絶滅を理由づけようとしたのである。

このように新約聖書における反ユダヤ思想が、ナチス・ヒトラーによるユダヤ人迫害の理由に用いられていたことは、まことに遺憾といわざるを得ない。

さてユダヤ教、ユダヤ人側から迫害にさらされていた初代教会は、パウロの伝道旅行などにより、ローマ・ギリシャ人の間に多くの信徒を獲得し、ユダヤ教の伝統や戒律から解放される紀元一世紀中頃以降になると、次第に守勢から攻勢に出るようになる。

イエス・キリストは、しばしばパリサイ派の形式主義を批判していたが、それは彼らの考えを否定するためではなく、むしろその修正、浄化を促そうとするものであった。イエス自身、ユダヤ教の戒律を厳格に遵守しようとするパリサイ派の敬虔の上に立っていた。使徒パウロも、自分がパリサイ派の立場にあることをはっきりと述べている（使二三章六、二四章一四）。実際、当時のユダヤ教には、古来よりの一貫した敬虔と献身の精神がなおきちんと生きていたのである。

ところが、初代教会が独自の道を歩むようになると、次第に教会側はユダヤ人を根本から糾弾しようとする姿勢を鮮明にし始める。その最たるものが《キリスト殺し》の主張である。「ユダヤ人はメシアであるキリストの御言葉に耳をかさず、かえって彼を十字架にかけて殺した」（使二章二一〜二三）という表現には、単なるユダヤ人非難以上のそしり、糾弾が表明されている。

そのような傾向は、紀元四〇年から五〇年代に入り、新約聖書の成立期を迎えるとより一層、顕著になってくる。しかもその非難は、キリストを十字架にかける策動をしたエルサレムのユダヤ人グループに対してのみならず、次第にユダヤ民族全体に向けられるようになっていく。そして《キリスト殺し》の責任をユダヤ人全体が代々にわたって負わされることになる。

このユダヤ民族総体に対する《キリスト殺し》の罪の転嫁こそ、キリスト教反ユダヤ主義神学の最も根底をなす思想となって、ヨーロッパ精神史を貫いていくことになるのである。

では、そんな責任を初代教会がユダヤ人に負わせる、本当に納得できる言い分があったのであろうか。ここで実体を少し明らかにしておきたい。

まず、すでに本書でも見てきたように、イエス時代のパレスチナ地方は、すでに久しくローマ帝国の支配下に入っており、ユダヤ人の権威である長老議会は死刑執行権を所有していなかった。したがって、たとえ長老議会がイエスを神の冒瀆者、つまり大罪人として、また民衆の扇動者としてローマのユダヤ総督ポンティウス・ピラートゥスに彼の処刑を要求したからといって、イエスの死刑を裁判により決定したのも、それを実施したのもローマ側であって、ユダヤ人側ではなかった。しかも罪人を十字架にかけて殺すというやり方は、ローマ支配の伝統的な処刑方法だったのである。

それにもかかわらず、紀元一世紀の中頃には、イエスの処刑責任をユダヤ人だけに帰そうとする考え方がはっきりと打ち出され、それが新約聖書の発展的成立の中で、不動の地位を築いていくのである。つまり《キリスト殺し》はローマ支配を飛び越えてユダヤ人だけの責任に転嫁されてしまう。この責任転嫁のため、福音書には多くの事実無根の記述が挿入されたといわれる（例えばM・ブルムリク『悪魔の追従者、神の殺害者』一三四ページ以降参照）。

そうした責任転嫁の度合いは、聖書の成立発展過程の中で次第に強化され、主張されていったことが明らかである。以下その一端を紹介しておきたい。

まず紀元四〇年から五〇年頃、最初の福音書をヘブライ語でパレスチナのユダヤ人相手に書いたマテオは、イエス・キリストの言葉として次のようにユダヤ人に呼びかけている。

私は、預言者、知者、律法学士達をおくるが、あなた達はその内のある人を殺し、十字架につけ、ある人を会堂でむち打ち、町から町へと追い苦しめるだろう。……地上で流された義人の血は、みなあなた達の上にふりかかってくる！（「マテオ福音書」二三章三四〜三六）。

また、すでに述べた助祭ステファノが初代教会初の殉教者になる前に行った説教でも、彼はキリスト殺しの下手人として直接エルサレムのユダヤ人達を叱責している。

あなた達の先祖が迫害しなかった預言者がひとりでもあったでしょうか。彼らはあの正しい方の来臨を前もって告げた人たちを殺しましたが、今やあなた達は、その方を裏切る者、殺す者となったのです（使七章五二）

このステファノの殉教が紀元三六年頃であったことと、「マテオ福音書」がパレスチナで四〇年から五〇年頃の間に書かれたことを知れば、初代教会が紀元一世紀前半頃までは、《キリスト殺し》の責任を直接パレスチナやエルサレムのユダヤ人に帰していたことが明らかである。しかし一世紀後半以降、特にパウロの第二回伝道旅行（四九／五〇～五二／五三頃）により、ギリシャ・ローマ人の間にキリストの教えが広まるようになった頃からは、《キリスト殺し》の責任はもはやエルサレムやパレスチナの一定のユダヤ人ではなく、ユダヤ人一般がその下手人として客観化され、誹謗されており、しかもユダヤ人は《人類の敵》とさえ攻撃されているのである。

ユダヤ人は主イエスと預言者達を殺し、私たちを迫害して（追い出し）、神によろこばれず、人類の敵となり、異邦人を救うために宣教する私たちを妨げ、こうしてどこにいても自分たちの罪を満たしている。ここにおいて、彼らの上に、神の怒りは極みに及んだ（「テサロニケ人への第一書簡」二章一五～一六）。

紀元五〇～五二年頃、パウロによって書かれたこの書簡では、明らかに《キリスト殺し》の責任がユダヤ人一般全体に帰されている点で、大きな飛躍が見られる。ユダヤ人以外の異邦人、異教徒も布教の対象にしたパウロは、しばしばギリシャ・ローマ人と緊張関係にあったユダヤ人一般を、《キリスト殺し》のみならず、《人類の敵》とまで言っている。

以上見てきたところから、紀元一世紀中頃の初代教会には、すでに後世のユダヤ民族の運命を規定するような次の考え方、神学思想が形成されていたことがわかる。

一、ユダヤ人はキリスト殺しの下手人であり、その罪を負っている。

二、したがって彼らは神の怒りを買った民である。

三、彼らの上には神の呪いが降りかかっていくであろう。

また先にも見たように、一世紀末から二世紀初め頃に著わされた「ヨハネ福音書」になると、ユダヤ人に対する糾弾はきわめて攻撃的になっていく。そして、この「ヨハネ福音書」が示すように、紀元二世紀になると、ユダヤ人は単なる非難、叱責の対象ではなく、彼らは《悪魔を父に持つ》民であり、《彼には真理がない》という、ユダヤ人の宗教や信仰を真っ向から否定するばかりでなく、本質や存在の根本を否定するような誹謗がなされているのである。発展史的に見て、この「ヨハネ福音書」に至って極みにまで高められる初代教会の反ユダヤ神学思想こそが、ヨーロッパ・キリスト教世界の歴史の中で、ナチズムのユダヤ人絶滅政策に至るまで、その精神的、理論的よりどころとして引用、利用されることになるのである。

初代教会において、はっきりと形成されたこの《キリスト殺し》の神学は、それが宗教的なものであり、しかも、やがては世界宗教の地位を築くキリスト教側からの主張であっただけに、単なる一時的な反ユダヤ思想にはとどまらず、精神史上を貫く、根深い神学思想として生きていくことになる。古代から現代に至るまで、反ユダヤ思想が論じられる時、《キリスト殺し》の神学に触れずに、このテーマを論じることはできないのである。

初代教会の発展とディアスポラ・ユダヤ人

紀元一世紀におけるキリスト教の広がりを示す地図（F・ファン・デァ・メール『古代キリスト教世界地図』二一～六ページ）を見ると、パレスチナ以外では、圧倒的にヘレニズム・ギリシャ文化圏のディアスポラ・ユダヤ人居住地域にキリスト教徒が増加しているのがわかる。

それは初代教会の使徒達の伝道が、おおむねユダヤ人を対象に行われていたことを知れば、十分理解できる。それはキリスト教がユダヤ教から発生した宗教であり、イエス・キリストこそ、ユダヤ民族が久しく待望していたメシアであるとの確信があったからであった。そして紀元二世紀におけるキリスト教の伝播を見ると、イタリア半島、南部地中海沿岸や北アフリカ、南フランスそしてドイツのライン河、モーゼル河流域にまで広まっていたことが見てとれるが、やはりなおローマ帝国の東部、ヘレニズム・ギリシャ語文化圏にキリスト教徒が多かったことがわかる。特に小アジアの西部一帯、シリア、パレスチナ、ギリシャ・ペロポネソス半島、バルカン半島のマケドニア東部、エジプトなどに多数の教会が成立し、信徒の団体が集中していた。これらの諸地域は、みなユダヤ人、特にギリシャ語を話すディアスポラ・ユダヤ人の集住地域だったのである。したがってキリスト教に改宗した信徒の多数がディアスポラ・ユダヤ人であったとしても、何ら不思議ではない。

このように初代教会の構成人員の多くは、ディアスポラの元ユダヤ教徒によって占められ、彼らはキリスト教共同体で重要な役割を果たすことになる。三世紀までの古代教会を指導した教父達の大多数はギリシャ語圏の人々であった。少なくとも二世紀まで、ギリシャ語はローマ帝国西方の教会において、教会用語としても用いられていたのであり、初代教会における東方ギリシャ語圏の決定的な役割の程が知られる。

この傾向は、ラテン語が主流であったはずの帝国の首都ローマでも見られる。例えば、教会の頭であった使徒ペトロの初期の後継者（のちの教皇）の多くが、ギリシャ名を持っており、また東方ギリシャ語圏の出身である。

そこから初代教会の頭の多くが、ディアスポラ・ユダヤ人（またはその系統の）出身であったのではないかと推測できる。いずれにしても初代教会とディアスポラ・ユダヤ人との密接な関係は否めない。初代教会の教父でリヨンの司教となり、南仏ガリア教会全体で指導

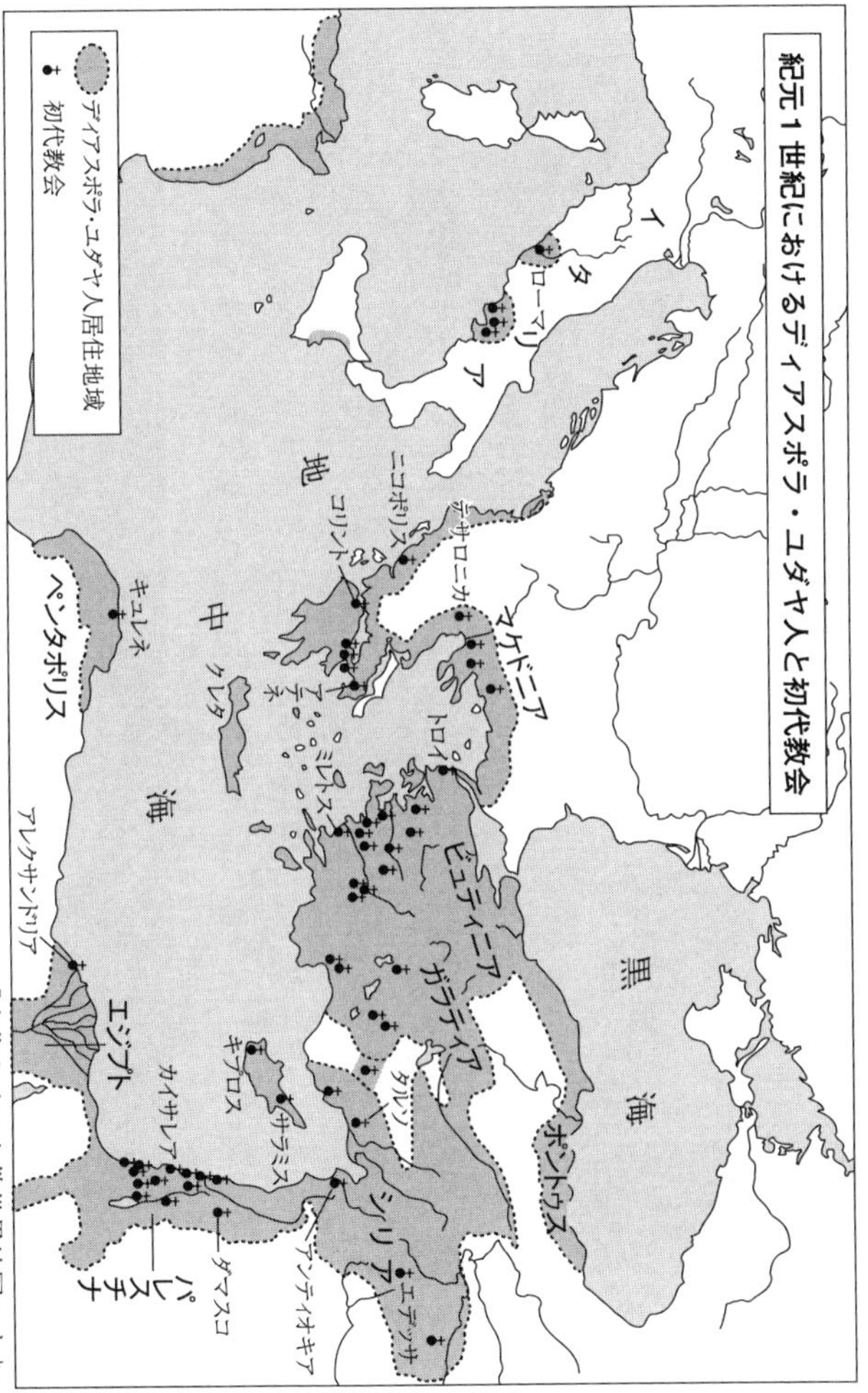

F・ファン・デア・メール『古代キリスト教世界地図』より

的役割を果たしたイレネウス（一三〇頃～二〇〇頃）も、東方ヘレニズム圏小アジアの出身であり、ギリシャ語で著作活動をしていたことも想起したい。

しかしキリスト教会においては、伝道が拡大し、多くの異教徒、異邦人がキリスト教へ改宗するようになると、そうしたキリスト教徒の間には、ユダヤ教を姉妹宗教と見なすよりも、むしろユダヤ教を異教として見る傾向が生まれていった。こうした見解や見方は、先に述べたユダヤ人のローマ帝国に対する最後の抵抗であったバル・コホバ戦争以降から現れるキリスト教護教論において、次第に顕著になってゆく。

初代教父の護教論とユダヤ教論駁

ハドリアヌス帝時代に始まる初代教会の教父によるキリスト教護教論（アポロギー）は、主に次のような側面と方向を持っていた。

一、ギリシャ・ローマの異教世界に対して、形式的にはしばしばローマ皇帝宛に訴え、キリスト教を弁護する。

二、対ユダヤ教論駁を意図する。メシアとしてのイエス・キリストの教えと救世の御業《みわざ》により、ユダヤ教の掟や律法、割礼などは克服され、不要になったことを主張し、次第にキリスト教をユダヤ教から分離して、独自の宗教としての地位を築いていこうとする。

三、キリスト教会の使徒になりながら、依然としてユダヤ教の律法や儀礼、生活習慣のとりこになっていて離れられないユダヤ人キリスト教徒に対して批判、警告を発する。

キリストの教えの広がりにより、いろいろな抵抗に遭遇した教会は、護教家を必要とした。彼らは著作活動を通してキリスト教の立場を弁明したのであるが、そうした役割を果たした初代教会の識者、護教家を指してわれわれは〝教父〟と呼んでいるのである。

護教論が異教ローマ世界に対して展開されるようになる以前、すでに教会内部でキリスト教に改宗したユダヤ人の多くが、なおユダヤ的律法主義や割礼、安息日の遵守などに固執していたため、初代教会はまずもってそうしたキリスト信者をしばしば啓蒙し、批判して説得する必要があったことが伝えられている。この点に関して貴重な情報を提供しているのが、トラヤヌス帝時代ローマで殉教した（一一〇～一一七年頃）初代教父、アンティオキアのイグナティウスである。イグナティウスはアンティオキアからローマへ護送される途中に記した書簡（小アジアのマグネシア教会宛）で次のように述べている。

もし今なお（あなた達が）ユダヤ主義に生きるというなら、それは（神の）恵みを無視することにほかなりません。……（ユダヤ主義の）古い体制に執着していた人々が新しい希望を抱いた時、ただちに、安息日（シャバット）を祝うのをやめて、主日を祝うことにしました。……イエス・キリストを唱えながら、ユダヤ主義に生きるのはまったく無理なことです（「マグネシア人への書簡」八章一〇）。

アンティオキアのイグナティウスはこの書簡で、当時なおユダヤ主義にこり固まっていたキリスト教徒を、そこから解放することがきわめて困難であったことを示唆している。これと同じようなことは、バル・コホバ戦争後に書かれた「バルナバ書簡」（著者不明）や「使徒の教え」（ディダスカリア、三世紀の初め頃か）などでも語られており、いずれもユダヤ主義に執着したキリスト教徒への批判、警告となっている。

少し時代が下ってしまうが、四世紀後半においてさえ、なおユダヤ主義キリスト教徒が存在していたことを東方の教父ヨハネス・クリゾストモスは詳しく伝えており、きわめて厳しい口調で、ユダヤ主義キリスト教徒を罵り、叱責し、信者達をユダヤ的なものから遠ざけようと試みている（三八六〜三八七年の間にアンティオキアで行った八つの説教）。

しかし教父達は対異教世界、ローマ皇帝に対して教会を弁護する時には、キリスト教信仰がユダヤ教から生まれた宗教であり、ヘレニズム・ローマ世界の神々や哲学をはるかに凌ぐ古い伝統に裏付けられたものであることを主張し、訴えている。この考え方を異教徒に対して明らかにし、キリスト教の優越性、特に徳と正義の同時実践においてのみ、真の神の認識が可能であることを誇り、またキリスト者の不動の信仰、殉教への覚悟を称揚している。

パレスチナの出身で、紀元一六五年頃ローマで殉教したユスティノス（パレスチナのサマリア出身、ギリシャ人）は、ユダヤ教の伝統にのっとったキリスト教の優越性を、異教ローマ世界に対して護教した最も代表的な古代教父であった。また同じく二世紀後半に活躍したユスティノスの弟子タティアノス（シリア出身）や、一七七年頃、マルクス・アウレリウス帝に『キリスト者のための弁護』を献上したアテナゴラス（アテネ出身の護教家）も、ユスティノスの思想を継承して、ユダヤ教に由来するキリスト教の古い伝統と意義を異教世界に主張した。

ヘレニズム・ローマの宗教、神々に対し、生まれてまもないキリストの教えを弁護し、教会の立場を固めるために、古代教会の教父達はユダヤ教の伝統に依拠せざるを得なかったのである。

ユダヤ人史家ヨセフスや教会史家エウセビオス（二六〇～三四〇頃）と並んでユダヤ教に関する最も貴重な情報を提供しているアレクサンドリアのクレーメンス（二世紀後半～三世紀初めに活躍）も、この立場に立っている。

このように教父達が一面においてユダヤ教の伝統に依拠して教会の教えを弁護する一方、他方で彼らはユダヤ教そのものを論駁することも決して忘れなかった。キリスト教が普遍宗教としての道を歩むためには、母胎であり、民族宗教としてのユダヤ教の枠からキリスト教を切り離し、イエス・キリストの教えと信仰に基づく、新しい固有の一神教であることを明らかにする必要があったのである。したがって、古代教会の教父にとって、「ユダヤ教論駁」は欠かすことのできない使命でもあった。

教父によるユダヤ教論駁は、主に二つの方向に向けて展開された。一つはイエス・キリストをめぐる神学論であり、イエスが預言を成就した待望のメシアであることを明らかにし、キリストの信仰と教えの実践によってのみ救いが達成されること。二つ目は、それがゆえにユダヤ教の説く律法の遵守、実践という外的な行為、すなわち、割礼、安息日、食物規定、聖画像の拒絶等々は、イエスの到来により意義を失ったということ。

つまり教父はユダヤ教信仰の要である律法主義そのものを論駁の対象として、アブラハムとヤハヴェの神の旧約を、イエス・キリストとの新約に基づく信仰にとって代えようとしたのである。

このような立場を古代教会において最もよく代表した教父の一人は、前述したリヨンのイレネウスであった。この西方ラテン世界で活躍したギリシャ人教父は、二世紀後半マルクス・アウレリウス帝時代に著した『使徒の教えの考察』において、およそ次のように主張している。

キリスト教は永らく期待されてきたメシア的預言の成就であり、その結果、古い律法の遵守は今や廃止された。というのは、イエスによりアブラハムの信仰はまったく更新されたからである。キリストの教えと愛はモーゼの十戒の実践を不要なものとしてしまったのであり、もはや律法は懲罰的な手段にすぎないのである（同書八五及び九五〜九六章参照）。

このようなイレネウスのユダヤ教に対する考え方は、彼の単純、明瞭な神学思想、著作とともにいち早くギリシャ語からラテン語に訳され、西方キリスト教会のユダヤ教解釈と論駁に多大な影響力を持った。

さらに時代が少し下って、二世紀末から三世紀にかけて『護教論』（一九七）と『ユダヤ教論駁』（二〇七〜二〇八頃）を著したカルタゴのQ・テルトゥリアヌス（一六〇頃〜二二〇頃）は、異教世界出身の西方ラテン教父として、ユダヤ教と一線を画する論を展開した。

彼は、「キリスト教徒はユダヤ教の割礼や安息日、食物規定など知らない」としてユダヤ教をはなからしりぞけ、「ユダヤ教徒はキリスト教徒の真の敵である」(『護教論』七章三、C・ベッカー版八〇ページ)として、ユダヤ教徒に対する遠慮のない敵意を表明している。ディアスポラ・ユダヤ人でもなく、ユダヤ教の文化や伝統をまったく背景に持たない異教徒出身のテルトゥリアヌスは、ユダヤ教の古い伝統には一目置いたものの、ユダヤ教を徹底して論駁し、しりぞけようとした最初の西方ラテン教父であった。

紙面の都合上、あまり古代教父とユダヤ人の問題に立ち入ることはできないが、コンスタンティヌス大帝の時代に『教会史』(三二五頃完成)をパレスチナのカイサレアで著したエウセビオス司教の時代になると、すでにユダヤ教に対する激しい論駁は姿を消し、ユダヤ教の古い伝統やモーゼの律法が、人間のモラルの維持、向上に一役かっていたこと(『教会史』一巻二章二三)などを評価すらしている。しかし、エウセビオスのユダヤ教に対する根本的な見解は、初代教会発展の中で形成された神学思想の繰り返しであり、《キリスト殺し》ゆえの天罰としてのエルサレムの陥落、それに続くユダヤ民族の不幸、苦境の連続が語られている。そして『教会史』の前半、四巻におけるバル・コホバ戦争に触れた後は、ほとんどユダヤ人、ユダヤ教に対する関心、叙述が忘れ去られてしまっている。ただ、『教会史』の最後の部分(九巻九章五)の、コンスタンティヌス大帝のマクセンティウスに対する勝利(三一二)が語られるところで、モーゼに率いられたユダヤ民族のエジプトのファラオに対する勝利を引き合いに出しながら、キリストの神に帰依したコンスタンティヌスの異教勢力に対する勝利を述べているにすぎない。

最初の反ユダヤ教会法

紀元四世紀に入るとユダヤ教の存在は、すでにキリスト教の敵ではなくなっていた。四世紀の初め、キリスト教はまだローマ帝国による迫害下にあったにもかかわらず、組織化された教会は全帝国に広がり、早くも三〇六年には、スペインのエルビラにおける宗教会議で、信徒にユダヤ人との接触を禁ずる次のような決定が下されている。

一、キリスト教徒の娘はユダヤ教徒と結婚してはならない（カノン＝教会法＝一六条）。
二、信徒はユダヤ教徒と食卓をともにしてはならない（同五〇条）。
三、結婚している男性信徒がユダヤ人女性と情交した場合には破門される（同七八条）。

ガレリウス帝（在位三〇五〜三一一）下で激しい迫害にさらされていたキリスト教会が、迫害の少ない帝国西部のエルビラで宗教会議を開き、教会法上早くもユダヤ人をキリスト教徒から隔離しようとする決定を下したことは、以後、中世、近代の先駆的範例となった。ここでは対ユダヤ教、ユダヤ人への論駁、糾弾ではなく、教会の法的規制、効力を持った反ユダヤ思想がすでに形成されていることを、われわれは知るのである。

エルビラ宗教会議の決定が、直ちに全ローマ帝国内の教会に行き渡ったとはまずもって考えられないが、こうした反ユダヤ的規定が、すでにローマ帝国によるキリスト教の公認(三一三)以前に、教会内で生まれたことの意味は重要である。

多くの異端論争が打ち続いた四世紀の教会内部では、《ユダヤ人 Judaei》という言葉がすでに罵りを意味する用語になっていたという(K・L・ネートリッヒス前掲書九九及び一九九ページ参照)。

反ユダヤ思想を神学的に固めた教父・聖アウグスティヌス(部分。ミヒャエル・パッヒャー作、ミュンヘン旧絵画館所蔵)

政治的勝利をおさめたキリスト教会は五世紀に入って、西方教父で最大の人物A・アウグスティヌス（三五四〜四三〇）の時代を迎えると、中世の神学に最大の影響を及ぼすことになる彼のもとで、総体としてのユダヤ人が《キリスト殺し》の責任を負っており、その神罰の結果、放浪と離散の運命にあるという見解が、神学的に位置づけられていった。しかしまた、ユダヤ人はキリストを十字架にかけたことによって、イエス・キリストの救世の業《わざ》に参与した《生き証人》でもあるゆえ、彼らを屈従の状態に置きつつも、その存在は甘受されなければならないとされていった。そうしてアウグスティヌス神学を継承したゴレゴリウス一世教皇（在位五九〇〜六〇四）は、キリスト殺しの証人としてのユダヤ人を保護し、彼らの信仰や儀式、シナゴーグ、墓地などを維持していく必要があるとの見方まで打ち出したのである。

教会のこうしたユダヤ人観により、ユダヤ民族は滅びることも許されず、限りない放浪、偏見、憎悪の中で生き続けなければならない運命に陥っていった。

以上概観してきたように、古代教会において成立する教父神学の反ユダヤ思想は、その後の反ユダヤ主義発展の上で不動の地位を築いていったのである。

ラビのユダヤ教

熱心党の急進派に引きずられ、ローマ支配に対抗して蜂起したユダヤ民族が潰滅状態に陥りつつあった時、戦闘や反乱によらず、別の方法でユダヤ民族共同体の再建と存続を図ろうとした人々のグループがあったことは先に述べた。彼らはユダヤ戦争(紀元六六～七〇)の真っ只中にエルサレムを抜け出して、地中海沿岸平野の町ヤブネに新たな組織作りを手がけ、エルサレムの神殿で開催されていた民族の最高議会(サンヘドリン)をそこへ移設したのである。そして民族共同体の法規を改正し、律法に従った生活を秩序あるものにするためにユダヤ暦を定めた。新しい法規やユダヤ暦を伝えるため、パレスチナのヤブネから各地には使節が送られ、そこからまた次々とローマ帝国各地のディアスポラ・ユダヤ人にも広められていった。

神殿で日々捧げられる犠牲によって民族の罪は贖《あがな》われると信じてきたユダヤ人は、神殿を失った今、神の前で義とされるための新たなる道を歩まねばならなくなった。帝国各地に四散していたユダヤ人は、遠路はるばるエルサレムの神殿に参拝し、犠牲を捧げ、贖罪の思いを遂げることもできなくなってしまったからである。そして、バル・コホバ戦争以後(一三五以降)は、エルサレムへの立ち入りすら死刑によって禁じられたため、ここに至ってユダヤ民族の流浪、離散の運命は定まった。それがゆえにこそ、神殿なしの信仰生活と民族共同体維持のあり方が強く求められることになったのである。

　宗教生活の中心である神殿に代わるものは、神の教えであり、掟である律法を遵守し、実践することこそ、ヤハヴェの神の前に義とされる（救われる）こととされた。民族共同体を保持し、民族のアイデンティティを求めるところは、エルサレムの神殿という一定の場所ではなくなり、ユダヤ教の教えの中身を問うことよりも、神の掟、律法に従って生きることそのものが、信仰の証となったのである。

מאימתי
מאיעתי

タルムード（律法の口伝・解釈書）、ヴェニス版（1520年）

　そのため律法（トーラー）やその口伝・解釈（タルムード）に詳しい賢者、律法学者のラビが重要な存在となっていった。ヤブネに新しい宗教共同体の基礎を再建した賢者達が、律法を重んじるパリサイ派のラビ達であったことは、ユダヤ民族の将来のあり方を規定するものであった。

　元パリサイ派のユダヤ教徒であった使徒パウロが、メシアとしてのイエス・キリストを信じることこそが神の真理と救いの恵みを得る唯一の道であるとして、キリストのペルソナ（主体）を中心に置き、ユダヤ教の律法主義的拘束からユダヤ人と異邦人を解放したのに対し、ラビ達は、律法の厳守、実践の中にこそ、神の真理と民に約束された救いが顕現されることを説いたのである。

民族宗教としてのユダヤ教は、宗教的であると同時にまた、社会的なものである。そうであるがゆえに、イスラエルの民は神の律法の厳格な実践、適用によって、他と同化することなく、たとえ四散していても、絶えず共通する同胞意識と信仰、独自の生活習慣、伝統を保つことができる。この律法主義こそ、流浪とディアスポラの運命を背負ってしまったユダヤ民族が、いつ、どこにいようとも、選民としての民族の団結を生かし続けるエネルギーとなっていった。

しかし「律法のまわりに垣を設けよ」というラビの教えにあるように、他の思想、宗教、哲学と相容れない律法主義により、ユダヤ教はユダヤ民族の宗教、割礼のある人だけの宗教と化していった。ラビを指導者と仰ぐ律法主義、割礼を前提とするユダヤ教は、広大な多民族国家、ローマ帝国の諸民族の要望に応えられるだけの幅と普遍的性格を持ち合わせていなかった。そのため、バル・コホバ蜂起の後もローマ帝政期を通してユダヤ教側からの信徒獲得の活動や試みはあったものの、一貫した力を持ち得ず、ユダヤ教の勢力を拡大するには至らなかった。むしろ、決定的な敗北を喫し、迫害下におかれたユダヤ民族の数は激減し、生き残ったユダヤ人の多くは奴隷として海外、帝国各地に売り飛ばされ、ユダヤ地方からユダヤ人は一掃されていった。

これに反して、煩雑な律法に拘束されることなく、また嫌悪感を伴う割礼を前提とせず、イエス・キリストのペルソナのみに信仰と救いの恵みを見たキリスト教は、ローマ帝国の多大な諸民族の期待を満たすものを持ち合わせていたため、迫害下にありながらも、急速な勢いで広まっていったのである。

祖国なき、神殿なき、祭司なき民となったユダヤ人は、ヤハヴェの神の教えに依存する「聖書の民」となったため、正典としてのモーゼ五書を不変の律法として代々受け継ぐことになった。それとともに律法を実践するに当たり、各々の時代や生活状況に相応《ふさわ》しくそれを適用するために、律法の研究、解釈、解説（口伝律法）が、律法学者であるラビ達により次々と生み出されていった。そうした口伝律法（ミシュナ）の編纂が三世紀初頭に完成したが、ミシュナの収集、編纂はそれ以降も代々続けられていく。

特にローマ支配の外にあって、紀元二世紀以降、ディアスポラ・ユダヤ人の中心地となったバビロニアでは、律法の教学所が栄え、ローマ時代を越えて中世に至るまで、口伝律法研究の中心地となった。

紀元二世紀以来、放浪の時代に入ったユダヤ人は、どこにおいても、律法学者ラビを指導者と仰いで、律法の掟に耳を傾け、実践し、シナゴーグに集まってともに祈り、同胞意識を維持していくことになる。こうして祭司に代わるラビのユダヤ教時代が、その後におけるユダヤ民族の存続形態を決定づけていった。紀元二世紀から三世紀にかけ、多かれ少なかれ、迫害、規制下にあったユダヤ教とキリスト教は、まったく異なる発展過程を歩むことになるのである。

ローマ帝国との共存

ハドリアヌス帝による組織的なユダヤ教徒の迫害で多くの殉教者が出たが、この時に生まれた殉教録とそれにまつわる説話は、その後のユダヤ教典礼に収録され、ユダヤ人共同体の活力となった。

他方、度重なるローマ支配への決死の抵抗、反乱により大打撃を被ったユダヤ民族の間では、蜂起や戦闘が無意味であることを痛感し、ローマ帝国を動かしがたい現世の支配者として是認して、その中で共存していこうという動きも生まれていった。

ディアスポラの状態にあるがゆえに、律法の遵守により宗教共同体としての存在は維持できても、現実的、政治、社会、経済的側面への適応なくしては、四散した民の生活は実現できない。この現実から出発して流浪の民となったユダヤ人は、しばしばその時、その時代の支配勢力や為政者と妥協して結びつき、彼らに依存して生きていく、生きていかねばならない状態に置かれることになる。ユダヤ民族の歴史を見ると、彼らが弱い不安定な状況、立場にあるがゆえに、その時々の支配権力と上下関係で結びつき、生き方の安定を求めていた例は実に多い。そうしたユダヤ人の処世術は、ややもすると他の民衆の憎悪の対象となり、迫害の原因になった。

さて、ハドリアヌス帝を継いだアントニウス・ピウス帝（在位一三八〜一六一）の時代になると、ユダヤ教を根こそぎにしようという迫害は停止され、ユダヤ人に対する禁止条項は残されたものの、緩和政策がとられるようになる。ユダヤ教徒にとって死活問題であった割礼（前述のように、ハドリアヌスは死刑をもって禁じた）は、ユダヤ教徒内部では許されることになった。つまり異教徒や購入した奴隷などに割礼を施すことは禁止されたが、ユダヤ教徒の間に生まれる男子には割礼を受けさせてよいということで、これはアントニウス・ピウス帝の治世が、ユダヤ教徒の存続を是認したことを意味した。史家スエトニウスの『ローマ皇帝伝　アントニウス・ピウス』（五章四〜五）は、この皇帝の時代にもユダヤ人の反乱があったと伝えているが、これを裏づける事実はない。否むしろピウス帝の時代には、ユダヤ人とローマ帝国との共存態勢が急速に改善されていった事実がいろいろと確認できる。

帝はユダヤ人に蜂起を起こさせるような政策を停止し、再建されたユダヤ教の指導組織である総主教職（ナスイ）やサンヘドリンをユダヤ民族共同体の最高機構として認めていった。特に紀元一三八年以降、ダビデの家系を継ぐといわれるヒレル家のシメオン・ベン・ガマリエル二世が総主教職に就くと、ローマ帝国における全ユダヤ民族の公的な代表機関、統治者として次のような権限と権威を付与、承認したのである（J・マイヤー『古代ユダヤ史』一一二ページ以下参照）。

一、かつてのユダヤ教徒がエルサレムの神殿に納めた神殿税を、総主教がユダヤ民族から徴収する権利。この権限は全帝国のディアスポラ・ユダヤ人にも及ぶべきものとする。

二、総主教はユダヤ最高議会の議長であること。

三、ユダヤ教徒間における民事裁判権の承認。総主教はユダヤ民事裁判最高法廷の長であること。

四、総主教は律法研究のための、シリア、パレスチナにおけるラビの教学所の長、律法学者の長であること。

五、総主教はローマ帝国との政治的交渉、共存関係についてユダヤ側を代表する政治的権力者であること。

総主教はこれらの権威、権限のほか、律法学者、研究者をラビに叙任し、各地へ派遣するといった「ラビのユダヤ教時代」を促進する原動力にもなったのである。

壊滅的な破綻ののち、ガリラヤに再建されたユダヤ民族宗教共同体の組織が、果たしてどれほどローマ帝国内に四散していたユダヤ民族に対して権威と権限を発揮し得たかは疑問であるが、ローマ帝国側は、エルサレムに代わるユダヤ民族の代表、総括機構として、それを承認したのである。

ピウス帝を継いだ哲人皇帝マルクス・アウレリウス（在位一六一～一八〇）は、一方でユダヤ人をきわめて不穏で、反抗的な民としてひどく嫌っていたようでもあるが（四世紀の歴史家A・マルケリヌスの証言）、それでも前皇帝のユダヤ人との妥協、共存政策を巧みに維持していった。アウレリウス帝の時代に多くの殉教者を出したキリスト教会とは対照的に、この時代におけるユダヤ人の迫害はほとんど伝えられていない。アントニヌス朝最後の皇帝コムモドゥス（在位一八〇～一九二年）の時代になると、教勢を著しく広げ、首都ローマにおいても大きな組織に発展していたキリスト教会の反ユダヤ的な行動に対して、ローマ市長官がユダヤ教の団体を保護したことすら伝えられている。

一八九年から一九〇年頃、古代教会は首都ローマの南、アッピア街道沿いに大きな墓地を所有するようになっており（現在カリストゥス・カタコンベとして有名）、ローマ教会の助祭カリストゥス（のちのローマ教皇カリストゥス一世、在位二一七〜二二二）は、その墓地を全面的に管理していた。この助祭はのちに死者の遺産を横取りしたかどで罰せられることになるが、彼は自分の罪を逃れるためにユダヤ教団体の礼拝集会を故意に攻撃して、問題をそらそうとしたため、皇帝下のローマ市長官フスキアヌスによって首都から追放される（ローマの司祭ヒッポリュトゥスの証言）。これは、ローマ側がキリスト教会からユダヤ人を保護した最初の事例として重要であるとされている（K・L・ネートリッヒス前掲書一三ページ参照）。

二世紀末からのセヴェルス朝の時代に入ると、帝国の対東方、対パルチア政策のため、ローマ皇帝はしばしば長期的に東方に滞在するようになったため、ユダヤ民族との接触、交流の機会が増え、両者間の関係は好ましい方向へと進展していった。

セヴェルス朝の始祖ルキウス・セプティミウス・セヴェルス帝（在位一九三〜二一一）は長期間パレスチナにも滞在し、オリエントにおいて大きな軍事的な成果を挙げ、ディアスポラ・ユダヤ人がきわめて多かったメソポタミアを帝国の属州とした。当時メソポタミアの古都バビロニアは離散ユダヤ人の中心地としてユダヤ教学所が栄えており、ここからガリラヤの総主教職やサンヘドリンの議長職に就くラビが輩出され、ユダヤ民族共同体の最高機構の維持や、口伝律法の研究、編纂の上できわめて重要な役割を果たしていた。

セヴェルス帝は、二〇一年に従来通りユダヤ教徒間以外の割礼を禁止し、ユダヤ教側か

哲人皇帝マルクス・アウレリウス

らの改宗者獲得運動を困難にしたものの、彼の治世は、ユダヤ民族に好意をもって受け取られている。また、彼の息子カラカラ帝（在位二一一〜二一七）は紀元二一二年、全ローマ帝国の自由人にローマ市民権を付与したため、ユダヤ人にもローマ市民権が与えられた（もっとも、これはもはや特権というよりは、個々のユダヤ人にとっては公務負担の増大でしかなかったが）。さらにはアレクサンデル・セヴェルス帝（在位二二二〜二三五）が、ユダヤ総主教イエフダと親交があったことはよく知られており、そのため帝がユダヤ教に改宗したとまでいわれたくらいであった（事実はそうでない）。史家スエトニウスがこの皇帝の伝記（二二章四）で伝えているように、ユダヤ人が古来より（カエサル以来）ローマ側から付与されてきた諸特権を再確認したのもアレクサンデル・セヴェルス帝であった。

このように東方対策に奔走せざるをえない不穏な時代にあって、ローマ帝国とユダヤ民族との上下関係における共存は、概してうまくいっていたのである。帝国の最も繁栄した時代に反乱を繰り返し、弾圧と迫害の苦境を絶えず経験してきたユダヤ民族にとって、帝国の危機が次第に鮮明化してくる三世紀は、まさに恵まれた平穏の時代であったといえる。

それに比してキリスト教会はしばしば苦しい迫害に耐えていかねばならなかった。ユダヤ教も何がしかの被害を被ったとはいえ、キリスト教のそれとは比べものにならなかった。しかし、テルトゥリアヌスが言うように、キリスト教徒が迫害下で流した血は種となって、信徒はますます増加するばかりであった。デキウス帝（在位二四九〜二五一）の激しいキリスト教迫害が、教会の組織と教勢を萎縮させることに役立たなかったことは、よく知られている。

逆にユダヤ教徒は平穏な時代を迎え、民族の代表機関は再建されたものの、祖国なき四散状況の中で、宗教勢力としては萎縮していった。ユダヤの民は約束された神の支配が実現するまで、この世の支配者ローマ帝国を現実のものとして甘受し、耐えていかねばならないことを悟ったのである。ラビ達は、追放の身にあるユダヤ民族にとって神の支配の始まりには、まず何よりもより深い、より熱心な神の意向の実現が先決であると考え、それまで以上に、より正しい、より勤勉な律法の理解と遵守、実践、また罪の悔い改めの生活を通して、一時的なこの世の国エドム（旧約聖書「創世記」「申命記」など）に耐え、乗り越えていかねばならないと説いていったのである。

第4章　古代末期ローマ帝国の対ユダヤ人政策

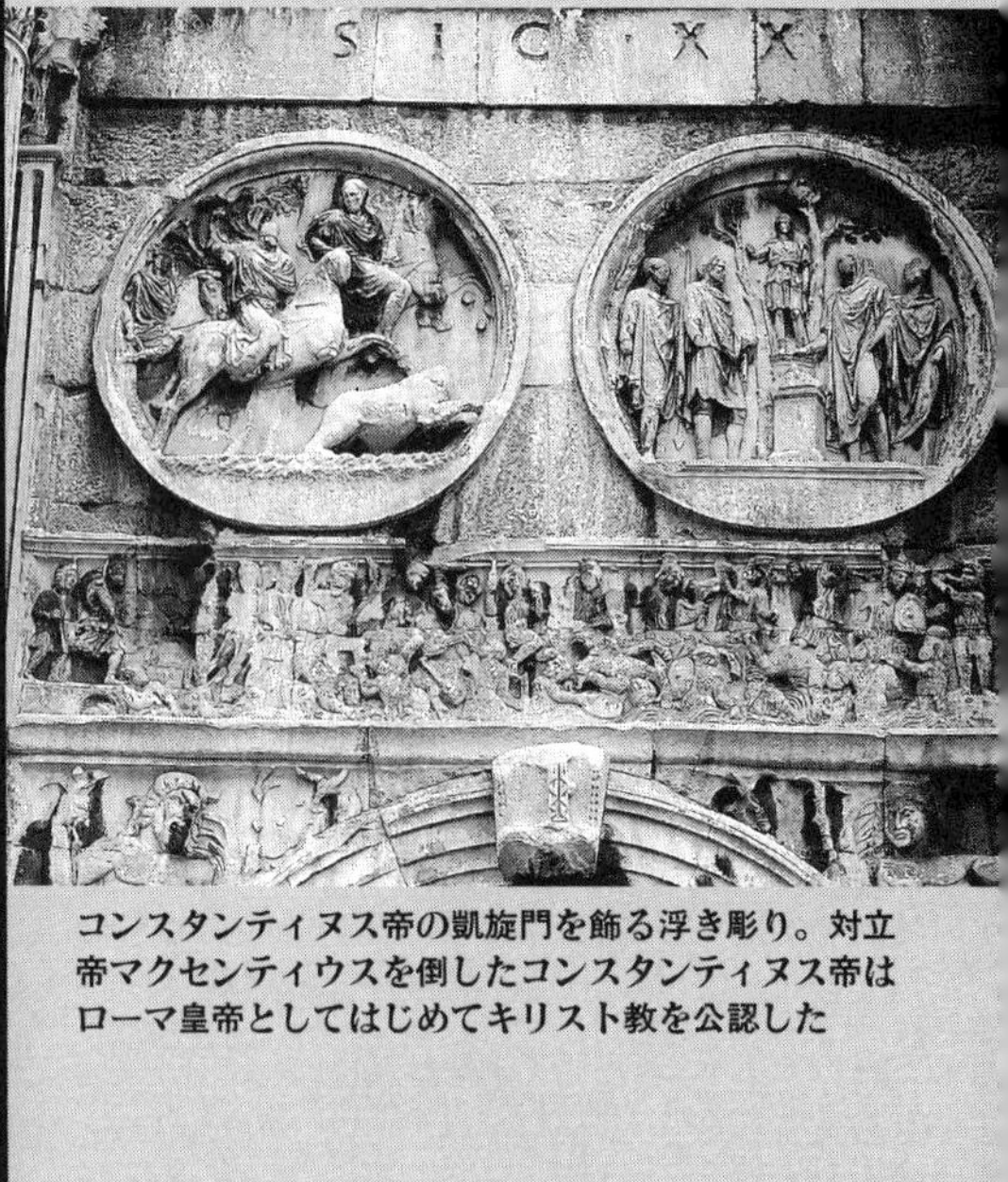

コンスタンティヌス帝の凱旋門を飾る浮き彫り。対立帝マクセンティウスを倒したコンスタンティヌス帝はローマ皇帝としてはじめてキリスト教を公認した

太陽の上に輝く十字架

ローマを訪れる度に、筆者は必ずコンスタンティヌス凱旋門の前にたたずみ、しばし思いをめぐらすことにしている。紀元三一五年、ローマの元老院によりコンスタンティヌス帝（在位三〇六～三三七）の対立帝マクセンティウス（在位三〇六～三一二）に対する勝利の記念碑として奉献されたのが、この凱旋門である（ディオクレティアヌス帝＝在位二八四～三〇五＝が帝国を四分割し、東西の正帝と副帝による四分治制を敷いたことから内乱が勃発。三二四年、コンスタンティヌス帝が東の正帝リキニウスを処刑して単独帝となる）。

そこに立ち止まる度に、私は決まって「なぜ、ヨーロッパがキリスト教世界になったのか」を繰り返し自分に問うてみたくなる。ローマ皇帝としてはじめてキリスト教を公認し、自らキリスト教に改宗して（少なくともキリスト教に著しく近づき）、ローマ帝国、そして後世のヨーロッパがキリスト教世界になる決定的な第一歩を踏み出したのが、コンスタンティヌスなのである。しばしば「コンスタンティヌスの改宗は、ヨーロッパの改宗」といわれるのもそのためである。いわゆる《コンスタンティヌスの改宗》が、教会に政治的な勝利をもたらし、ヨーロッパ・キリスト教世界への道を整えたことを考えれば、そうしたキリスト教世界とその思想、神学の下で、ユダヤ戦争以後、約千九百年にわたり放浪の民として生きることを余儀なくされたユダヤ人にとって、この皇帝の改宗は、彼らの運命もともに決定づけたといえよう。

では、ネロ帝以来、断続的とはいえ、二百五十年近くにわたりキリスト教を迫害してきたローマ帝国が、コンスタンティヌス帝の代になって、突如キリスト教を公認したのはなぜであろうか。

コンスタンティヌス凱旋門の中央上方には、前後両面とも同文の碑が刻まれているが、キリスト教の公認、あるいはコンスタンティヌスの改宗については一切触れられていない。しかしこの碑文をよく読むと、コンスタンティヌスの勝利を讃えるくだりで、帝の神的な体験、改宗を何となく示唆するような一句、《神的な霊の偉力によって divinitatis mentis magnitudine》が刻まれているのがわかる。ローマ元老院はこの一句をもって、何を表現しようとしたのであろうか。

この真意不明の一句にいきすぎた解釈をして、コンスタンティヌスの改宗と結びつけることは許されないであろうが、同時代の教会史家エウセビオスの伝記『コンスタンティヌスの生涯』が伝えている帝の奇蹟的な神の啓示の体験を記した箇所には、ローマ元老院の不鮮明な表現《神的な霊の偉力によって》と、何がしかの関係があると思えて仕方がない部分がある。

コンスタンティヌス帝の時代の貨幣。キリストを表すギリシャ語の頭文字が軍旗に刻まれている

帝は次のように述べた。
「昼をすぎ、すでに日が少し傾きかけた頃、太陽の上方の天空にさん然と輝く勝利の印の十字架と、そのわきに『汝、この印にて勝て』という一句を自分の目で（確かに）見た」と（エウセビオス『コンスタンティヌスの生涯』一巻二八章）。

コンスタンティヌスのこの奇蹟的な体験をどのように受け取るかは別として、彼がローマのテイヴェレ河ミルヴィス橋のところでのマクセンティウスとの決戦に際し、十字架を旗印にしたことは事実である。

いわゆる《コンスタンティヌスの改宗》は、それが帝の内心の信仰に由来するものなのか、政治的、政策的意図によるものなのかをめぐっては尽きない論争があるが、事実や史料証言から見る限り、「信仰説」「政策説」のいずれかを採って説明できるものではない。

三一二年十月の勝利により、ローマに凱旋入城したコンスタンティヌスは、翌三一三年六月、東の正帝リキニウス（在位三〇六～三二四）とミラノで会見し、「ミラノ勅令」を出してキリスト教信仰の自由を公認した。しかしミラノ勅令は条文が述べているように、あらゆる宗教の信仰の自由を保障したものであり、決してキリスト教信仰のみを認めたわけではない。したがってユダヤ教信仰の自由も保障されたのである。

ミラノ勅令にはローマ皇帝が帝国の安泰と秩序を願っての信仰の自由であることがはっきりと述べられており、コンスタンティヌスの政策的意図も明確に表明されている。すでに四世紀初め、数百万人に膨れ上がった信徒と、全ローマ帝国に張りめぐらされた組織と制度を持っていたキリスト教会は、帝国の統一維持を願うコンスタンティヌス帝にとって、政策上の格好のパートナーだったのである。

しかしまた、コンスタンティヌス帝がキリスト教に改宗したことを裏付けるともいえる事実も数多くある。

一、異教の伝統に包まれている首都ローマに、敢えていくつもの教会（聖ペトロ、パウロ、ラテラノなど）を建てたこと。

二、キリスト教的立場に立った数々の勅令や法令を出していること。

三、教会が祝うキリストの復活をユダヤ暦の過越祭からはずし、キリスト教的なものとし、ローマ皇帝として初めて復活祭やクリスマスを祝ったこと。

四、自らニカイアに宗教会議を召集し、教会のドグマ（教義）論争に決着をつけ、いわゆるニカイア正統信経の確立に熱意を注いだこと。

五、彼の生母ヘレナが敬虔なキリスト教徒であったこと（カトリック教会はヘレナを聖女としている）。このため、早くから何がしかのキリスト教的感化を受けていたのではないかと推定される。

これらの諸点を考慮すると、コンスタンティヌスが単に政治的意図で教会に近づき、それを利用しようとしたというだけでは、決して納得のいく説明にはならない。

だがその反面、帝が妻のファウスタや息子のクリスプスにあらぬ疑いをかけ、残酷な方法で殺した（三二六）ことはよく知られている。また彼が異教ローマ大神官（ポンティフェックス・マクシムス）の称号を生涯保持し続けていたことや、死の床に至るまで洗礼を受けなかったことも事実である。もっとも、当時の伝統や慣例がそうさせたのであって、それをもってコンスタンティヌスがキリスト教に改宗していなかったということにはならない。

ローマ皇帝としての立場から、政策的意図をもって教会に近づいたということは、むしろ支配者としては当然であろうし、キリスト教信仰を彼が受け容れたことと基本的に矛盾するものではない。いずれにせよ、ヨーロッパがキリスト教世界になる道を開いた皇帝コンスタンティヌスは、その影響下と体制下で生きることを余儀なくされたユダヤ人の遠い将来の運命も決定づけていったのである。

コンスタンティヌスの対ユダヤ人政策

コンスタンティヌス帝とユダヤ人の関係は、あまり知られていない。しかしこの皇帝の出した法令の中に、ある程度、彼の対ユダヤ人政策の意図を読み取ることができる。

コンスタンティヌスの側近であった教会史家エウセビオスが伝えるところによれば（帝の自伝四巻二七章）、この最初のキリスト教皇帝は、ユダヤ人を《救い主を殺した民》と見ていたという。実際、当時四世紀前半のローマ帝国において、《キリスト殺し》は、すでに全帝国のキリスト教徒間では常識になっていた。だとすれば、コンスタンティヌスも多かれ少なかれユダヤ人に対し否定的な見解を持っていたと解するのが普通であろう。では、彼の出したユダヤ人関係の法令から見て、コンスタンティヌスはどのような対ユダヤ人政策を考えていたのであろうか。

コンスタンティヌス帝の胸像
(ローマ国立博物館所蔵)

古代末期におけるコンスタンティヌス以後の法令を収録した「テオドシウス法典」には、次のような帝の対ユダヤ人法令がある。当時、古代末期の専制君主政ローマ皇帝の出した勅令は、そのままローマ帝国法としての効力を持っていた。以下、法令の要約をざっと紹介してみたい。

一、ユダヤ人はキリスト教に改宗したかつてのユダヤ教徒を、石打ちや、その他のやり方で迫害してはならない。そうした違反者は火刑（死刑）とする（三一五年十月十八日付「テオドシウス法典」一六巻八章一節、以下は年月日と法典の数字のみで表記する）。

二、ユダヤ人は（従来の）宗教的な理由（安息日の厳守などのため）で免除されていた、公職である都市参事会員（デクリオネス）に召命されてもよい（三二一年十二月十一日、一六―八―三）。

三、ユダヤ教聖職者（総主教や祭司など）は、従来通り公共の諸義務、賦課（ムネラ）から解放されることを再確認する。しかしすでに公務としての市参事会に召命されている者は、その公務に奉仕すべきものとする（三三〇年十一月二十九日、一六―八―二）。

四、ユダヤ教聖職者（総主教、各地のシナゴーグの長老や典礼執事など）は、賦役から免除される（三三〇年十二月一日、一六―八―四）。

五、キリスト教に改宗したユダヤ人は、かつてのユダヤ教徒同胞により、迫害されてはならない（三三五年十月二十一日、一六―八―五）。

六、ユダヤ人は、キリスト教徒、またその他の（宗教に属する）奴隷を購入したり、割礼を施してはならない（ユダヤ教徒奴隷間の子には割礼をしてもよい）。もしこの規定に違反した場合、その奴隷は解放され、自由な身となる（三三六年五月八日、一六—九—一）。

七、キリスト教へ改宗したユダヤ人の迫害禁止、ユダヤ教徒でない奴隷の購入禁止、また割礼の禁止（三三六年十月二十一日、同法典内のシルモンディアナ法四）

これらの法令を概観してまずわかるのは、コンスタンティヌスが彼の治世中、ユダヤ人を直接迫害するような法令を何も出していないということである。また、これらの法令の内容から見る限り、帝がユダヤ人に対して特別な反感や憎悪、敵意を持っていたことを読み取ることもできない。つまり自らキリスト教へ改宗し、教会を特別に保護奨励してヨーロッパ・キリスト教世界への道を開いたこの最初のローマ皇帝は、政策において何ら反ユダヤ的な行動に出なかったということである。彼がこれらの法令で、キリスト教へ改宗したユダヤ人に対するユダヤ教側からの迫害を繰り返し禁止しているのは、信仰の自由を保障した「ミラノ勅令」の精神から当然であり、この禁止令は何らユダヤ人に対する弾圧や規制ではなく、むしろ逆に過激なユダヤ教徒の攻撃行動を防止しようとする帝の意思表示である。

またユダヤ教徒以外の奴隷に対する割礼の禁止を命じている六、七の法令は、何もコンスタンティヌスが初めて制定したものではなく、すでに考察してきたように二世紀のアントニヌス・ピウス帝以来の禁止条項であり、その再確認である。そして三、四の法令が述べているように、コンスタンティヌスは、ユダヤ教の聖職者を公務や賦課から免除するという旧来からのユダヤ人の特権を保護し、再確認しているのである。唯一ユダヤ人に対する規制といえるものは、帝が晩年に至って新首都コンスタンティノープル（三三〇年に遷都）から発した法令六（七も内容はほとんど同じ）で命じている、キリスト教徒並びにユダヤ教以外の宗教に属する奴隷の購入と所有禁止令である。この奴隷所有に関する制限は、たしかに農園や生産業を営むユダヤ人経営者にとって、人員不足による生産、経済活動の妨げになったようである。キリスト教化が急速に進んだ末期ローマ帝国の社会で、キリスト教徒奴隷の所有ができなくなったユダヤ人は、人手の確保が困難になっていったという点で、コンスタンティヌスにより規制を受けたといえる。しかしこれは帝の治世においてなされた唯一の制限であり、コンスタンティヌス帝によるユダヤ人の迫害とか、弾圧といったものはまったく伝えられていないのである。コンスタンティノープルの宮廷で、側近としてコンスタンティヌス帝についての詳しい情報を残しているカイサレアの司教エウセビオスも、帝のユダヤ人迫害については一行も記していない。

二の法令はローマ植民市ケルンの都市参事会に宛てたもので、ユダヤ人が市参事会員になることを承認しているものである。この法令はケルン宛であったが、全帝国で法的効力を持つべき法（lex generalis）とされている。つまりユダヤ人が全ローマ帝国において公職に就くことを認めた勅令として注目に値する。そればかりか、ローマ市民権を所有していたユダヤ人は、四世紀の末まで少なくとも法的には帝国のあらゆる官職に就くことが可能だったのである。しかも四世紀にはまた、ローマ社会の支配階級であるアリストクラティーに属する元老院議員にユダヤ人達が加わっていたことすら伝えられている（K・L・ネートリッヒス前掲書七八及び一九一ページ、註四三九参照）。

とはいえ、ローマ市民権を保有するユダヤ人が帝国の官職に就き、出世コースを歩むためにユダヤ教信仰を捨てた者もいたことは、ヨセフスやアレクサンドリアのフィロなどにより伝えられている。それは、官吏にとって、国家祭儀に当たって異教の神々への犠牲奉献や、礼拝が義務だったからである。そのため実際上、ユダヤ人として帝国の官職に就いた者は、宗教的理由からきわめて少なかった。しかも、ユダヤ人でローマ帝国の高級官職に就いていた人物については、ほとんど知られていない。法的に可能であるということと、現実はきわめて異なっていたのである。

五世紀に入ってホノリウス帝（在位三九三〜四二三）がラヴェンナより出した勅令（四一八年三月十日付）によって、初めてユダヤ人は帝国の官職から締め出されることになる。しかし、それでも在職中のユダヤ人は引き続き官吏として留まることができた。

コンスタンティヌス時代以後に少し触れてしまったが、キリスト教が国教となる四世紀後半においても、ユダヤ人にとって公職への道は開かれていたのである。

以上の考察から明らかなように、最初のキリスト教皇帝コンスタンティヌスの治下においては、ユダヤ人の迫害や弾圧といったものはまったくなかった。これはキリスト教会のエルヴィラ宗教会議（三〇六）が、信徒に対しユダヤ人との接触、交流、性交、結婚等々を厳しく禁止しているのと対照的である。ここにはローマの伝統である宗教的寛容と、キリスト教の宗教的不寛容の基本的な態度が、はっきりと打ち出されていることをわれわれは知ることができる。キリスト教に改宗したコンスタンティヌスの対ユダヤ人政策は、ローマの伝統の継承にほかならなかったのである。

しかし、少し補足になるが、対教会政策に関する限り、コンスタンティヌスは対ユダヤ政策とは違って、教会の内部問題に著しく干渉したことがよく知られている。特に神学論争、キリストの神性をめぐるドグマ問題を政治的に解決しようと自らニカイア公会議（三二五）を召集して、いわゆるニカイア正統信経を規定し、帝国法化した。このように宗教問題を政治権力によって内的にも、外的にも統一し、第一宗教勢力となったキリスト教会の組織と統率力を借りて、危機感の高まりつつある帝国の統一を維持しようとしたコンスタンティヌスの政治的意図は、対教会政策に著しく表われている。これに比べて、帝の対ユダヤ人政策は、伝統的な寛容に基づく穏やかなもので、むしろ無関心であったといえるのである。

対ユダヤ人規制、禁止法令

コンスタンティヌス帝以後の対ユダヤ人規定には、次第にいくつかの制限や規制、禁止条項が現れる。すでに見たように、コンスタンティヌス帝下で新たに定められた対ユダヤ人禁止条項は、キリスト教徒及び他宗教信者奴隷の購入、所有禁止であった。割礼の禁止はすでに二世紀以来のものであり、コンスタンティヌスの規定したものではない。

以下においてはユダヤ人に対する規制、禁止条項が、古代末期の帝国においてどのようなものであったかを、ざっと総括的に紹介してみたい。紙幅の都合上（ ）内の数字は、発布年月とテオドシウス法典の箇所のみを示すことにしたい。

一、帝国織工所のキリスト教徒女性とユダヤ人との結婚を禁止する（三三九年八月、一六―八―六）。

二、ユダヤ人がユダヤ教徒以外の奴隷を購入して、（強制的に）割礼すると死刑（三三九年八月、一六―九―二）。

三、キリスト教からユダヤ教に改宗することの禁止。これを敢えてした者の財産は没収

（三五二年七月、一六―八―七）。

四、ユダヤ人聖職者の従来の参事会奉仕義務免除の撤回。聖職者になることを希望するユダヤ人は、まず、公課、賦役義務を果たすこと（三八三年四月、一二―一―九九）。

五、キリスト教徒が信仰を捨て、ユダヤ教や異教へ改宗した場合、そうした背教者の遺言権は剝奪される。背教者の遺産は（本人の）死を越えて処罰（没収）の対象となる（三八三年五月、一六―七―三）。

六、ユダヤ人によるキリスト教徒奴隷の購入と割礼の禁止。そうした奴隷がいる場合には、キリスト教徒により買い戻されるべし（三八四年九月、三―一―五）。

七、キリスト教徒とユダヤ人の結婚は姦通罪として罰せられる（死刑。三八八年三月、三―七―二、九―七―五）。

八、ユダヤ教の律法が許可している一夫多妻制の禁止。またユダヤの律法の定めに従った重婚の禁止（三九三年十二月、ユスティニアヌス法一―九―七）。

九、特殊部隊に属するユダヤ人の皇帝伝令官職からの締め出し（四〇四年四月、一六―八―一六）。

十、ユダヤ人によるキリスト教徒奴隷の新たな獲得、強制改宗の禁止。違反者の財産は没収された上で、死刑（四一七年四月、一六―九―四）。

十一、ユダヤ総主教の名誉帝国官位の剝奪、シナゴーグの新規建設の禁止（四一五年十月、一六―八―二二）。

十二、ユダヤ人の伝令官等の官職からの締め出し。ただし、すでに在職している者は許可（四一八年三月、一六―八―二四）。

十三、ユダヤ人弁護士業の禁止、軍役公職からの締め出し、カトリック教徒に敵対するあらゆる宗派は追放される（四二五年七月、シルモンディアナ法六）

十四、キリスト教徒以外の者（ユダヤ人）のあらゆる官職からの締め出し。ユダヤ人がキリスト教徒や司祭の上に立つようなことがあってはならない。キリスト教徒奴隷の所有禁止（四三八年一月、テオドシウス法典新法三）。

西ローマ帝国（三九五～四七六。テオドシウス帝の死後、ローマ帝国は東西に分かれた。東のビザンツ帝国は一四五三年まで続く）の滅亡以前の対ユダヤ人規制、禁止法令を概観すると、以上の通りである。初期ビザンツ時代についてはのちほど考察したい。

これらの法令が出されたコンスタンティヌス以後の百年間は、キリスト教がローマ帝国の国教にあげられ、教会の政治的勝利が決定的となって、末期ローマ帝国のキリスト教化が一段と進展した時代であった。一方、ネロ帝やデキウス帝の迫害に代表されるように、かつてのキリスト教が長期にわたり厳しい迫害を受け、数多くの殉教者を出すという苦難の道を歩んだのに対し、反乱や蜂起の弾圧は別として、ユダヤ人に対する帝国からのそうした迫害はなかった。ユダヤ人であることが背景、原因となって起こった中世十字軍時代(一一世紀末～一三世紀後半)から現代のナチスに至るような大迫害、大量虐殺といったものはローマ時代にはほとんど見られなかったのである。本書で考察してきたユダヤ戦争やバル・コホバの反乱後にあったユダヤ人の弾圧や処刑は、ごく一部を除けば戦乱や蜂起に対する帝国の制裁、処罰行為であって、民族絶滅を狙った大掛かりな迫害とはいえない。

右に掲げた諸法令に見られるように、ユダヤ人に対する数々の規制、禁止条項が設けられ、中には死刑をもって脅迫しているものもあるが、直接にユダヤ人を迫害の対象とするといった規定はない。また、法令二、七、十が述べているユダヤ人に対する死刑が実際に執行されたことを伝える史料証言もない(失われたのかも知れないが)。

ただし、これらの法令に目を通すと、ユダヤ人に対する規制や禁止が次第に進展していることがわかる。例えば、キリスト教徒とユダヤ人の結婚は姦通罪とされるほど厳しく規定され、死刑の脅迫をもって禁止されている。この勅令を出したテオドシウス一世(在位三七九～三九五)は、キリスト教をローマ帝国唯一の合法宗教である国教とする勅令(三八〇年二月二十八日付、テオドシウス法典一六―一―二)を出し、帝国のキリスト教化を強力に進めた皇帝であった。テオドシウス治下の法令には、当時の教会の思想や主張が反映していると思われるものもある。それは、当時のユダヤ教の律法で許されていた一夫多妻制を禁止している法令八などである。法令九、十二、十三、十四ではユダヤ人の公職、軍役官職からの締め出しが述べられているが、これらはユダヤ人でローマ帝国の下級官職に就いていた者があったことを示唆している。

またキリスト教からユダヤ教への改宗禁止令は、すでにコンスタンティヌスの息子コンスタンティウス二世（在位三三七～三六一）の治世に出され、違反者の財産は没収されることが規定されている（法令三）。テオドシウス一世はこの法令をさらに強化し、キリスト教徒はユダヤ教のみならず、その他一切の異教にも改宗してはならないことを定めた（法令五）。これはキリスト教を国教化し、帝国のすべての人民にキリスト教の正統信仰を受け容れることを要求したテオドシウスの宗教政策からすれば、当然のことであったといえよう。

しかしこの皇帝の対ユダヤ人法令の中には死刑について触れているものもあるとはいえ、帝が政策としてユダヤ人を進んで攻撃、迫害したことはなかった。否、むしろ小田謙爾氏の研究（『史観』一九九一年九月号）が指摘しているように、テオドシウス一世がとった行動や出した法令から見れば、かえってユダヤ人を保護しようとする立場にあった、といったほうが事実に合致している。この点についてはのちにも触れることになる。

ともあれ、このように古代末期ローマ帝国の対ユダヤ人政策と、同時代の古代教会がとった態度との間には、大きな違いがあった。古代末期の教会はじわじわと反ユダヤ思想をドグマ的に固め、一定のユダヤ人観の下に、教会法で反ユダヤ的規定を次々と定めていったのである。この点についてものちに触れてみたい。

ユダヤ人の保護規定

古代ローマ帝国末期の四、五世紀を通して、ユダヤ教徒以外の者に対する割礼禁止令が繰り返し出されているということは、当時のユダヤ人がなお、購入して所有物となった奴隷にあわよくば割礼を強要し、うむをいわさず、ペニスの包皮を切り取って、同胞獲得を目指していたことを物語っている。しかし教会のローマ帝国における絶対的な地位の確立により、ユダヤ人は次第に制限、規制を受け、布教活動、改宗者獲得運動から締め出されていった。そして四二九年五月、パレスチナにおけるユダヤ教の総主教職が消滅することにより、ユダヤ民族はその中心、支柱となる存在を失い、ラビを指導者とする民族集団の宗教と化していったのである。しかしユダヤ教とその民族は、ローマ共和政、帝政時代を通じて、常に一定の保護と特権を享受し、その存続自体を脅かされることはなかった。すでに本書で述べてきたように、ユダヤ民族共同体はローマの支配下に入った紀元前一世紀、特にカエサル以来、律法の掟に従った特別な生活、安息日の遵守、異教の儀式や皇帝礼拝からの免除、神殿税の特権などを保障されたが、それらの特権は、古代末期にキリスト教化が進んだ帝国においても、基本的には変わることなく保障されていたからである。

以下、コンスタンティヌス帝以後のローマ帝国におけるユダヤ人保護規定を、同じくテオドシウス法典を通して概観してみたい。

一、ユダヤ教聖職者の賦課、賦役からの免除（三三〇年十一月及び十二月におけるコンスタンティヌス法）。この法令は三八三年グラティアヌス帝により取り消されているが（三八三年四月、一二―一―九九）、アルカディウス帝により免除の再確認（三九七年七月、一六―八―一三）がなされている。

二、ローマ軍隊による駐屯、宿泊のためのシナゴーグの接収禁止（三六八年五月、七―八―二）。

三、ユダヤ人の間における民事係争問題の裁定における国家官憲の干渉禁止（三九二年一月、一六―八―八）。

四、ユダヤ人信徒団体の保護。キリスト教徒によるシナゴーグの破壊や略奪は、軍隊により厳しく処罰されるべし（三九三年九月、一六―八―九）。同様にキリスト教側からのユダヤ人やシナゴーグに対する攻撃や略奪からの保護（三九七年六月、一六―八―一二、四二三年二月、一六―八―二五、四二三年四月、一六―一〇―二六）。

五、安息日を守ることの保障、ユダヤ人の集会、礼拝の場所としてのシナゴーグの国家による保護（四一二年七月、一六―八―二〇）。

六、ただユダヤであるというだけで、何人も身体を攻撃されたり、嘲笑されたりしてはならない。シナゴーグやユダヤ人の住居は、（キリスト教徒による）放火や破壊から保護されなければならない（四一二年八月、一六―八―二一）。

これらのユダヤ人保護規定の中で特に目立つのは、キリスト教徒によるシナゴーグの略奪や放火、破壊からの保護令である。四世紀から五世紀を通してキリスト教側からのユダヤ人攻撃や集会所に対する襲撃や放火が、しばしばあったことが伝えられている。それは教会の力が特に大きかったローマ帝国東部のみならず、西方においても見られた（例えば四七二、四七三年のラヴェンナにおける事件）。中には法令六が示唆しているように、ユダヤ人であるがために身体的な危険にさらされた者や、住居に放火される者もあったのである。

古代末期においてしばしばあったユダヤ人や彼らのシナゴーグに対する暴力、攻撃、破壊、放火などは宗教改革者マルティン・ルターの勧めたユダヤ人弾圧策や、ナチス・ヒトラーのユダヤ人迫害に通じるものがある。ナチによるユダヤ人迫害の思想的裏付けの多くが過去の事実に立脚していることを知るなら、多かれ少なかれローマ時代末期に見られたキリスト教徒の思想と行動にも由来しているといわざるをえない。

全帝国の人民に、正統ニカイア信仰を受け容れることを命じたテオドシウス一世も、法令四や二が示しているように、ユダヤ教団体の生活圏を保護し、キリスト教徒の過激なユダヤ人攻撃やシナゴーグの破壊、放火に対しては軍隊さえ出動させて厳しく取り締まることを命じ、ユダヤ人同士の争い、裁判に関しては、帝国の官吏が干渉することを禁止しているのである。治安や秩序を乱す行動に対しては、宗派の壁を越えて対処していることが伺われる。

背教者ユリアヌスの夢

ルティティア（パリ）の宮廷における皇帝ユリアヌスと司教アブロンとの対話——。

ユリアヌス「ローマの人民の多くはなおギリシャ古来の神々を信じていることを、私たち為政者は考慮に入れる必要がある。単にキリスト教のみを国教の範例にするわけにはゆかない」……

アブロン「キリストを信じながら……陛下はなぜ忌まわしい偶像神に執着しておられるのですか」

ユリアヌス「そこにローマの精髄が美しく残されているからだ。ローマの伝統は神々の祭祀のなかにしかないのだ」……

アブロン「真理は……一つでございます」

ユリアヌス「しかし両派ともそう言いたてるだろう。そうすれば、どうする？　やはり相手を殺すことになるのか？……　では、教義が一つになるまで、殺戮はつづかなければならないのか？」

アブロン「真理のためで……ございます」……

ユリアヌス「私の考える真理とはそんなものではない。真理がなんで自らの手を血で汚す必要があろう……」（辻邦生『背教者ユリアヌス』中公文庫㊦五〇〜五五ページより引用）

辻邦生氏の大著『背教者ユリアヌス』で展開されるこの対話は、キリスト教信仰を捨て、キリストの神を憎み、キリスト教という宗教を滅ぼそうとした、ローマ皇帝ユリアヌス（在位三六一〜三六三）の根底にある世界観を表現するものとして興味深い。

幼くして従兄であるキリスト教皇帝コンスタンティウス二世の策略により、父をはじめとする一族を殺され、孤独で不遇な青少年期にアテネに学んで、高い古典的教養を身につけたユリアヌスは、新プラトン主義哲学にも心酔していた。三六一年十一月、はからずも単独ローマ皇帝の地位に就いたユリアヌスは、直ちに異教の復興策を公に打ち出したのである。ユリアヌスにとって古代の神々の復興は、彼が最も心の奥底で望んでいたことであったと、古代末期アンティオキアの史家A・マルケリヌスは伝えている（『ローマ史』二二―五―二）。彼は異教の神々の中にこそ、ローマの最も美しい伝統と精神が生きていると確信していたからであった。

三六三年はじめ、対ペルシャ戦を準備していたユリアヌスは、アンティオキアからユダヤ民族宛に書簡を送り、その中で、ユダヤの民の聖書（旧約聖書）を引用しながら、今こそ民が聖なる地パレスチナへ帰還し、長い間夢に見た神殿の再建を図る時が到来したことを告げ、パレスチナと聖都エルサレムをユダヤ人に返還することを伝えた。そして神殿の再建が達成されたあかつきには、自ら神殿に詣で、イスラエルの民の最高神に祈りを捧げるであろうことを約し、彼の信頼する側近アリピオスにエルサレムの神殿再興を国庫で負担するよう指示して、その大事業の実施を委託した。

キリスト教信仰を捨て、ユダヤ教復興を試みた皇帝ユリアヌス

ユリアヌスのユダヤ民族に対するこの宣言は、彼らの間に熱烈な興奮を巻き起こした。帝はユダヤ教に対しきわめて寛大な好意を示し、ユダヤ人が唯一の神を

信奉している点はわれわれと異なるが、しかしその他の面、神殿や聖域、祭壇、清めの儀式などはほとんど一致するという理解を表明した。その結果、ニコメディアにあるユダヤ総主教は、帝国国庫からの多大な補助により、大いに潤うことになった。

そして待望の神殿再建の基礎工事は、ユリアヌス帝の友人であるアリピオスの指揮下で開始されたのである。しかしそれもつかの間、パレスチナを含む地中海沿岸一帯は、突如として天変地異に襲われ、火災にも見舞われて、工事現場はたちまちにして崩壊し、数多くの作業員が生命を失うという事態に陥った。そのため、神殿再建工事の続行は不可能となった（A・マルケリヌス『ローマ史』二三―一）。

ギリシャ哲学に心酔していたユリアヌスは、唯一神を奉じるユダヤ人を特別に保護したわけではなかったが、宗教的寛容と、自らの反キリスト教的立場からユダヤ教を支持し、キリスト教徒の攻撃からユダヤ人を守るという態度をとった。ユダヤ人のために、彼が特別な貨幣を鋳造したのも、そうした考えの表れであった。

しかし独走体制にあるキリスト教勢力を打破し、ユダヤの神も含めたギリシャ・ローマの神々の復興とそれらの神殿の再興を図り、最も美しいローマの伝統と精神の興隆を夢みたユリアヌスも、まもなく対ペルシャ戦線での戦死（三六三年六月）により、異教復興の夢とともに葬られたのであった。

教会法に見るユダヤ人規定

ユダヤ人の歴史を理解する上で、キリスト教会がその内部法規である教会法（カノン）で、ユダヤ人に関わるどのような規定を定めていたかを知ることは大切である。危機の様相を次第に濃くしていった末期ローマ帝国の中で、絶対的な宗教勢力に伸《の》し上がるキリスト教会が、その制度、組織のあり方、また教会の教えや信徒全体の生活に関する規範、規定を定めた教会法には、ユダヤ人に対する教会の考え方や態度が反映している。以下においては、教会の指導者である司教達が宗教会議で、ユダヤ人に関連するなどのようなカノンを定めていたかを概観してみたい。

ユダヤ人に関する教会法を類別すると、およそ次の二分野に分けられる。

〔A〕教会の信徒、聖職者をユダヤ人の影響から保護する。つまりユダヤ化、ユダヤ人との接触、結びつきを防止するための規定、禁止条項。

〔B〕キリスト教徒が法的、物的、社会生活上、またその他の件で、ユダヤ人に依存したり、ユダヤ人の管轄下に置かれることを避けるための規定。

以下の表示においては、カノンをCn.と略し、数字は宗教会議の年を示す。カノンを定めた宗教会議の地名は省略することにする。

〔A〕

一、ユダヤ教徒との結婚禁止（Cn.16　三〇六、Cn.14　四五一、Cn.19　五三三、Cn.6　五三五、Cn.13　五三八）。

二、ユダヤ人の客となること、食卓をともにすることの禁止（Cn.50　三〇六、Cn.12　四六一ないしは四九一、Cn.40　五〇六、Cn.15　五一七、Cn.13　五三八）。

三、ユダヤ教の安息日や祝祭日を祝ってはならないこと（Cn.1　三一九ないしは三四一、Cn.11　三一四、Cn.37　三六四頃）。

四、ユダヤ人男女との性交の禁止。場合によっては破門（Cn.78　三〇六、Cn.31　五四一）。

五、ユダヤ人と交流し、ともに入浴することの禁止。また病気に際してユダヤ人の医者にかかることの禁止（Cn.11　六九二）。

六、ユダヤ人による信徒獲得運動の禁止（Cn.31　五四一）。

七、ユダヤ人によるキリスト教徒奴隷の所有禁止（Cn.66　六三三）。

八、ユダヤ人は教会が定める一定のキリスト教の祝祭日（復活祭や生誕祭など）には、外出してはならない（公に姿を見せることの禁止。Cn.30　五三八、Cn.14　五八一）。

〔B〕

一、ユダヤ人はキリスト教徒に対する告訴権、裁判権を所有してはならない（Cn.6　四一

九、Cn.9　五三五）。
二、ユダヤ人の軍事、民事上の公職就任禁止。またそうした職権により、キリスト教徒に権限を行使してはならない（Cn.17　六一四、Cn.65　六三三）。
三、ユダヤ人の下に留まることを希望しないキリスト教徒奴隷は買い取られるべし（Cn.30　五四一）。
四、解放するとの約束でユダヤ人より割礼を受けさせられて、その約束が守られなかったキリスト教の奴隷は自由な身分となる（Cn.31　五四一）。
五、奴隷をユダヤ教に改宗させようとしたユダヤ人の遺言権は剝奪される（Cn.17　五八一ないしは五八三）。
六、ユダヤ人は受洗してキリスト教徒になるべし（教会による改宗の要求。Cn.1　六九三）。
七、仕方なく洗礼を受け、偽キリスト教徒になったユダヤ人の財産は、国家に没収されるべし。そうしたユダヤ人は奴隷にされるべし。奴隷となった偽キリスト教徒ユダヤ人は、ユダヤ教の典礼を執り行ってはならない。彼らの間に生まれた子は、七歳になった時点で連れ去られ、キリスト教的に教育されるべし（Cn.8　六九四）。
以上の教会法をざっと見て注目されるのは、これらのユダヤ人に関わる規定は、西ローマ帝国滅亡以後の東ローマ帝国ビザンツ時代に入ってからの宗教会議（六～七世紀）で定められたものが多いということである。古代教会史上きわめて重要な宗教会議であったニカイア(三二五)、コンスタンティノープル(三八一)、そしてカルケドン(四五一)などにおけるユダヤ人関係カノンはほとんどない。四、五世紀の教会は、ユダヤ人問題よりも内部の教義、異端論争などで忙殺されており、教会ヒエラルヒーの整備、確立と、とりわけ、いわゆる正統信仰ドグマの統一、確定を急務としていたのである。したがって民族宗教と化し、ディアスポラ的存在となったユダヤ教集団と、キリスト教信徒とのあり方を規定することは二の次だったため、後まわしにされたといえよう。しかしカルケドン宗教会議以後、教会の体制づくりが一段落すると、元来の教会の意図であるユダヤ教徒との接触、交流を絶とうという政策は、次第に具体化されていった。ユダヤ人との結婚、性交の禁止、破門処置、食卓や入浴をともにすることや安息日やユダヤ教の祝日をともに祝うことの禁止などにその意向ははっきりと表明されている。

そして特に、ローマ帝国側の法令に見られない、キリスト教の祝祭日におけるユダヤ人の外出制限、禁止、つまり公にユダヤ人は姿を現してはいけないというカノン(五三八年第三回オルレアン宗教会議、Cn.30に初出)は、教会によるユダヤ人の差別、隔離意図の強力な表れとして注目される。この規定、教会側からのユダヤ人に対する強い要求は、のちにも繰り返されており、(例えば五八一年ガリアのマティスコ宗教会議、Cn.14)西ローマ帝国滅亡後のフランク王国時代におけるユダヤ人隔離思想の継続、強化につながっている。これは中世における第四ラテラノ宗教会議（一二一五）以来、教会により一貫して打ち出されるユダヤ人隔離政策の前兆ともいえるもので、遠くは一五世紀におけるユダヤ人ゲットー（強制隔離居住地区）の成立にまでつながるものである。

これに反してユダヤ人によるキリスト教徒奴隷の所有禁止は、すでにコンスタンティヌス帝時代に帝国法で規定されていたにもかかわらず、教会法では六三三年の第四トレド宗教会議（Cn.66）で初めて禁止され、それ以後強化されている。つまりローマ帝国のユダヤ人法から三百年もの間、教会はユダヤ人がキリスト教徒奴隷を所有することを是認していたことになる（少なくとも教会法的には）。

このように末期ローマ帝国、初期東ローマ帝国のユダヤ人法令と宗教会議の教会法カノンとの間には類似点はあるものの、基本的な相違があることを知ることができる。

国家の法令と教会のカノンが果たして実際にどれだけ効力をもって執行、実施されていたか、またどの範囲、どの地域において適用されていたかを裏付ける史料は、決して多くはない。また法令やカノンはしばしば考え方や申し合わせ、主張の布告に終わってしまう場合も少なくなかったのであり、その法令やカノンを徹底させるためには幾重にも及ぶ律法の繰り返しが必要とされたのである。

シナゴーグの放火、破壊、カリニクム事件

紀元三八八年十二月、ニカイア信経を信奉するローマ皇帝として、キリスト教を国教にまで高めたテオドシウス一世が、北イタリアのアクイレイアに滞在していた時、彼はユーフラテス河上流の町カリニクムで起きた事件について、次のような報告を受けた。当地の過激な修道士の扇動で、ユダヤ人の会堂シナゴーグがキリスト教徒により放火、破壊、略奪されたという次第であった。

持ち前の性格で憤激したテオドシウスは、カリニクムの司教に対し、破壊されたシナゴーグを教会の費用で再建することを命じ、略奪、放火に参加した者の処罰を当地の総督に指令した。キリスト教徒によるシナゴーグの破壊、放火やユダヤ人に対する攻撃が古代末期に度々あったことは、テオドシウス法典の法令が繰り返し、それを禁止しているところから明らかである（四世紀の後半から五世紀の前半に少なくとも六つの法令が確認される）。

一九三八年十一月、「水晶の夜」におけるナチスによる数百のシナゴーグに対する一斉放火事件の前例が、早くもはっきりと見られるといったら言い過ぎであろうか。ナチスのユダヤ人迫害の根拠が、過去の事実、事件に依存していたことは、すでに何度も述べてきた通りである。

このカリニクム事件の処罰に対し、教会政治家であったアムブロシウス司教（元ローマの総督、元老院議員）は皇帝に書簡を送り、次のように抗議した。

つまり背教者ユリアヌス皇帝の時代にもユダヤ人側から教会への攻撃、放火があったのであり（確証はない）、したがって今回の事件について、シナゴーグを再建させることは、ユダヤ人に勝利と優越感を与えることになる。また焼失、破壊されたといわれるシナゴーグの財産についても、放置されるべきであると。

いったい、そんな遠隔地にある小さな町のシナゴーグが、どんな価値のあるものを所有していたといえるのでしょうか。……それらはみなキリスト教徒に汚名を着せようとするユダヤ人の偽《いつわ》りの主張にすぎません……。（H・シュレッケンベルク『キリスト教的反ユダヤテキスト』三〇四～三〇五ページ参照）。

神の教えを司るアムブロシウス司教の強硬な意見に、ニカイア信徒のテオドシウス帝は引き下がらざるを得なかった。

ちょうど同じ頃の四世紀末、カリニクム事件とは反対に、シリアの首都アンティオキアでは、大きな教会組織の下にあったキリスト教徒と、多数のユダヤ人集団がさしたる対立もなく共存していた。彼らは教会の反対にもかかわらず、実際の生活においては相互に交流し、ユダヤ教の祝日もともに祝っていた。シナゴーグを訪れるといった初代教会の信徒達のような生活を続けていたキリスト教徒さえいたのである。彼らはユダヤ教からキリスト教へ改宗したユダヤ人であり、これらのキリスト教徒ユダヤ人は、たとえ教会に属していても、ユダヤの伝統や習慣は従来通り持ち続けていた。

こうした現状を教会の規定にしたがって打破し、強引に信徒のユダヤ人との関係を断とうとしたのが、その地の司祭、名説教師のヨハネス・クリゾストモスであった。この司祭は、カリニクム事件と同じ年の三八八年、アンティオキアにおいてユダヤ人を攻撃して、徹底的にキリスト教徒とユダヤ人との関係を断とうとする過激な説教を行っている。

もし何人かがあなたの息子を殺すなら、あなたは……その殺害者の挨拶をまともに受けることができようか。(神の)子を十字架にかけた悪魔そのものである殺害者から、身を遠ざけないでいられようか。……そうした殺害者達が祈っているところこそシナゴーグであり……、腐敗と悪徳の深淵である。……(それにもかかわらず)多くの人々がユダヤ人を尊敬し、彼らの生活に敬意をいだいていることを私は知っている。こうしたとんでもない信徒達の考え方を根本から絶やすことを、私は自分の急務としているのです……（M・ブルムリク『悪魔の追従者、神の殺害者』一四〇ページ参照）。

当時の教会を代表するような聖職者から、このような激しい反ユダヤ的説教を聞いた信徒の一部が、シナゴーグを攻撃し、放火するという行動を起こしたとしても不思議ではなかろう。

古代教会の名説教師、金口《きんこう》のヨハネとまで称されたクリゾストモスの、理性を失った無差別なユダヤ人攻撃は、そうした発言の動機が何であったにせよ、中世から現代に至るまでの容赦のないユダヤ人迫害の裏付けに利用されることになった。ナチスの行ったユダヤ人迫害を想起させる行為や発想は、すでに古代においても跡づけられるのである。

激しい反ユダヤ的説教を行った
東方教父ヨハネス・クリゾストモス

初期ビザンツ帝下のユダヤ人

家内とイスタンブールの町を見学していた時、犬を連れて散歩するかのように、熊を歩かせてやって来る熊使いに出会った。

驚いた私達が、思わずカメラを向けてシャッターを切ったところ、写真を撮られたことを知った熊使いは、われわれ二人の前に熊を連れて立ちはだかり、「ドイツマルクで百マルク払ってくれ」と要求してきた。われわれは断固としてその要求をはねつけて通り過ぎたが、気を悪くした熊使いは、しばらくの間われわれの後ろを熊を連れて付きまとい、その要求を断念しようとしなかった。しかし、われわれがブルーモスクの中に避難したので、さすがの熊使いも〝写真撮影代百マルク〟をあきらめざるを得なかった。東ローマ帝国時代はおろか、今日でもなおイスタンブールには観光客相手の熊使いが路上を歩きまわっているのである。

ところで話が変なこじつけになるが、熊使いといえば、かのビザンツ皇帝ユスティニアヌス（在位五二七〜五六五）の皇妃テオドラ（五〇〇頃〜五四八）が、かつてサーカスの熊使いの娘であったことはよく知られている。

テオドラは熊使いさながら、気の弱い夫君ユスティニアヌスを巧みに操縦して政治的才能を発揮し、夫を強力なビザンツ専制皇帝の地位に押し上げる上で、欠かすことのできない役割を果たした女性である。北イタリア・ラヴェンナを訪れる度に、この美貌の帝妃と夫帝の姿を今日まで伝えるサン・ヴィターレ教会の幻想的なモザイク（六世紀前半のもの）を鑑賞するが、彼女の美しさは私を魅了してやまないものがある。

さて、テオドラの魅力は別として、夫帝ユスティニアヌスは西ローマ帝国滅亡後、なお一千年（一四五三年まで）にわたって存続した東ローマ帝国、別名ビザンツ帝国（首都コンスタンティノープルの旧名、ビザンティオンの名をとった呼称）の政治機構、法的、また宗教政策的な基礎を固めた皇帝であった。

皇妃テオドラ（ラヴェンナ、サン・ヴィターレ教会のモザイク）

対ユダヤ人政策において、ユスティニアヌスはローマの伝統的な規定や考え方の上に立ちつつも、統一的キリスト教ドグマによる帝国統一の思想を一段と強力に打ち出した。帝の時代に編纂されたユスティニアヌス法典（Corpus Justiniani 五三八年公布、発効。以下CJと略し、数字は法典の条項を示す。別名『ローマ法大全』）で明らかにされているように、彼は前述したテオドシウス法典に収録されているコンスタンティヌス帝以来の対ユダヤ人法を再確認し、その強化を図る方針をはっきりと示している。また彼は即位した年に、正統カトリック信仰のより一層の栄誉のために、新しい法を制定することを宣言し、ユダヤ人や異端者、異教徒達が間違った神を信奉し、地上に富を築くことがないようにとの方針を明らかにしている（CJ一—五—一二）。

ユスティニアヌス帝の治世に実際に有効であった対ユダヤ人規定は、法典第一巻九章に総括的に収録されており、それらは、〔A〕対ユダヤ人規制、禁止条項と、〔B〕対ユダヤ人保護規定に分けられる。

〔A〕対ユダヤ人規制、禁止条項

一、ユダヤ人団体は相続権なし、完全な法行為能力を持たない（CJ一—九—一）。

二、キリスト教へ改宗したユダヤ人に対する攻撃禁止。違反者は死刑（CJ一—九—三）。

三、賦役、賦課義務（CJ一—九—五、またCJ新法四五）。

四、キリスト教徒との結婚厳禁（CJ一—九—六）。

五、一夫多妻制の禁止（CJ一—九—七）。これは当時ユダヤ法で基本的に認められていたが、実際はほとんど存在しなかった。

六、キリスト教を侮辱するような祝祭日（例えば過越祭をキリスト教の復活祭前に祝うこと）の禁止（CJ一—九—一二）。

七、キリスト教徒とユダヤ人間の係争は、一般（世俗）の裁判管轄に属する（CJ一—九—一五）。

八、キリスト教徒の割礼厳禁（CJ一―九―一六）。
九、ユダヤ教の総主教に納付されていた貢金は国庫に納付されるべし（CJ一―九―一七）。
十、シナゴーグの新築禁止（CJ一―九―一八、しかし改修工事は可）。

〔B〕対ユダヤ人保護規定
一、安息日とユダヤ教祝祭日を守ることの保障（CJ一―九―二）。
二、シナゴーグの軍隊による接収、駐屯、寄宿の禁止（CJ一―九―四）。
三、ユダヤ人内部の（民事）係争に関する裁判管轄権の保障（CJ一―九―八）。
四、ユダヤ人商人の市場での物の値段に関する自由裁量権の保障（CJ一―九―九）。
五、ユダヤ教の典礼、祭儀執行の保障（CJ一―九―一一）。
六、ユダヤ人は、その信仰ゆえに攻撃されてはならない。シナゴーグに対するキリスト教徒による攻撃から守られるべきこと（CJ一―九―一四）。

これらの規定は五三四年以降有効とされたが、それ以前の五二七年～五三三年にかけ、ユスティニアヌス帝は、ユダヤ人による官職、軍事職就任の禁止、また教会の信徒の上に立つような都市の役人になること、弁護士業に就くことの禁止(CJ一―五―一二―四～八)、キリスト教徒奴隷所有の厳禁（CJ一―三―五四）、ユダヤ教に改宗した者の財産没収（CJ一―七―一）などを定め、再確認している。

以上述べた当時の規定からわかるように、ユスティニアヌスは、『ローマ法大全』となった彼の治世における法典編纂において、対ユダヤ人法令を紀元前の共和政時代にさかのぼって全面的に統括、整理し、公布しているのである。

これらの法令は、帝のローマ帝国復興運動（レコンキスタ）により、ゲルマン諸族に占領されていた西方の領土が回復された五五四年以降、西方においても公布された。しかしそれらは部分的、地域的に適用されるに留まり、西方全体に徹底されるには至らなかった。東方ビザンツ帝国においても、かかるユダヤ人規定が事実上どこまで施行されていたかは疑問であるが、次第に浸透していったと見られる。

宗教問題を皇帝が政治的に決定していくというビザンツ専制主義（のちの皇帝教皇主義）を打ち立てたユスティニアヌスは、キリスト教正統信仰による帝国の統一を阻害する異端、異教諸派を厳しく弾圧する中で、対ユダヤ人政策もその一環として扱ったため、東ローマ帝国におけるユダヤ人の立場は次第に苦しいものとなっていった。

Th・クラインという研究者は、そのため対ユダヤ人規制が東帝国ほど厳しくなかった西方ゲルマン諸国へのユダヤ人の避難、移動が見られたと主張している。これは史料的に証明がむずかしいものの、旧西ローマ帝国のイタリア、ガリア、スペインなどにおけるユダヤ人の増加が、それを示唆すると述べている（Th・クライン『古代から現代までのユダヤ教と反ユダヤ主義』四八ページ)。

しかし六世紀から七世紀にかけ、西方でキリスト教化が進展し、特にゲルマン諸王のキリスト教への改宗が進むと、ユダヤ人を強制的にキリスト教へ改宗させようという傾向が顕著に表れたため、ユダヤ人は西方においても厳しい立場に置かれていった。このユダヤ人の強制改宗は、西方のゲルマン諸国のみならず、東方ビザンツにおいても、また教会側からも、その要求が出され、強引な試みがしばしばあったことが知られている。そのほんのわずかな例を紹介してみたい。

ユスティニアヌス帝(ラヴェンナ、サン・ヴィターレ教会のモザイク)

一、五五四年フランス・アヴェルナの司教アヴィトウスは、繰り返しクレルモンのユダヤ人を改宗させることを試みたが、効果なし。そこでキリスト教徒の民衆を扇動してシナゴーグを襲撃、破壊し、ユダヤ人に対して改宗して洗礼を受けるか、追放の身となるかどちらかの選択を要求。その間、興奮した大衆はユダヤ人地区を襲い多くのユダヤ人を殺害したので、ユダヤ人側はそれ以上の被害が出るのを避けるため五百人が受洗に応じることになった（P・E・グロッサー『反ユダヤ主義 その原因と結果』八九〜九〇ページ）。

二、メロヴィング王国の全ユダヤ人はキリスト教に改宗すべし。改宗に応じないユダヤ人の眼はえぐり取られるべし（キルペリック王の勅令、五八二）。

三、西ゴート王シセブートによるユダヤ人の強制改宗令。キリスト教からユダヤ教へ改宗する者は死刑、財産没収（六一二）。

四、六二八年、エデッサ（マケドニアの古都）を占領したビザンツ皇帝ヘラクリオス（在位六一〇〜六四一）の弟テオドロスは、その地の全ユダヤ人の抹殺（キリスト教へ改宗しようとしないゆえに）を指令。しかし兄の皇帝からそれを中止すべき書簡を受け取ったため、ユダヤ人の皆殺しを思いとどまる。

五、メロヴィング王ダゴベルトは六三四年、ビザンツ皇帝のユダヤ人強制改宗政策にならって、王国のすべてのユダヤ人の改宗を要求。改宗に応じないユダヤ人は〝敵〟として死刑に処することを宣言。

こうした激しい改宗強制の試みとは別に、それに反対する要求も出されていた。例えば第四回トレド宗教会議（六三三）は、ユダヤ人の改宗は強制によらず、「説得によるべし」と申し合わせをしている。西ローマ帝国滅亡後、西方キリスト教世界で権威を確立していたグレゴリウス一世教皇は、進んでユダヤ人を保護する立場をとったが、それは説得によりユダヤ人が改宗することへの期待と同時に、四散した放浪の民を、キリストによる救済史の証人として生存させていくという冷酷な意図に基づくものでもあったのである。

第5章　古代における反ユダヤ思想の形成

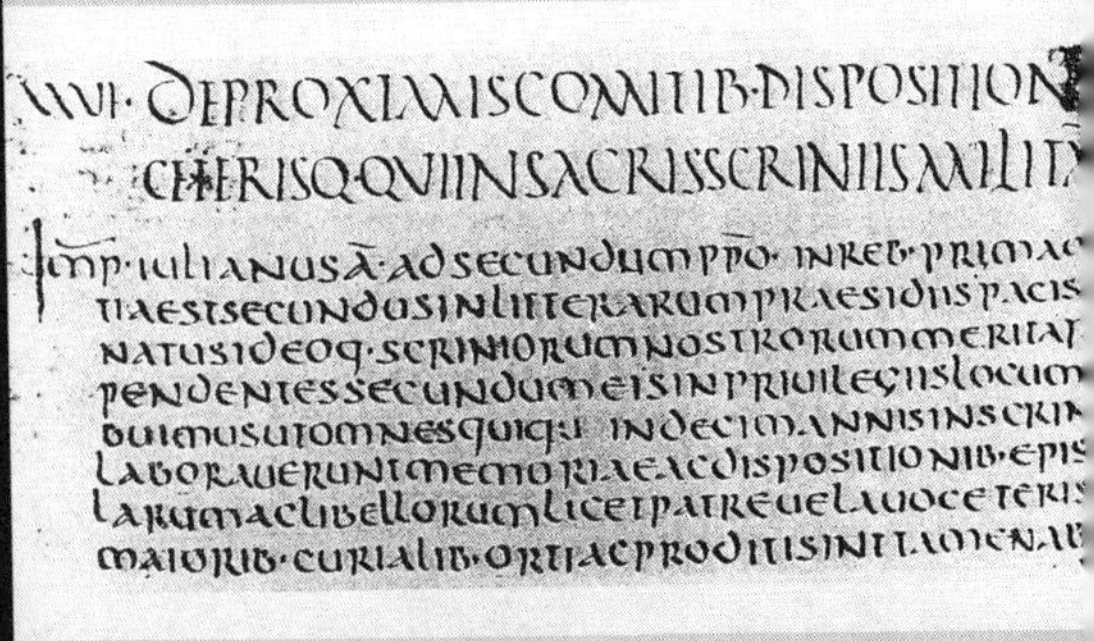

テオドシウス法典。リヨンで発見された中世の写本

本書において、私たちはユダヤ人とローマ帝国との関係を辿ってきたが、その中でしばしば見られた反ユダヤ的な思想や言動、法規定などに注目してきた。
以下の本書最終章においては、現代においてもなお依然として議論の的となっている反ユダヤ思想が、古代においてどのような起源を持ち、どのように成立していったかを総括しておきたい。

反ユダヤ的言動の源泉

あなたの国の諸州には、民々のなかに散りながら、しかしそれとは別に生きている民があります。彼らの律法は、他の民のとは異なり、王さまの法律も守りません。……この民だけが、全人類とたえず悶着を起こし、法にそむいて生き、秩序ある国の安定にさからい……（「エステルの書」三章）。

これはユダヤ人の全滅をもくろんだといわれるペルシャ大王の重臣ハマンの発言である。紀元前五世紀中頃を舞台とするこの旧約聖書の一節は、すでに本書第一章でも引用したものであり、史的な信憑性については問題があるにせよ、古代における反ユダヤ的言動やユダヤ人憎悪の源泉を知る上で貴重な証言である。

かつての大ローマ史家で、ノーベル賞受賞者のテオドール・モムゼン（一八一七～一九〇三）は、この「エステルの書」の一節を引用して、反ユダヤ思想の起源は、ユダヤ人のディアスポラと同じようにきわめて古いことを示唆した（Z・ヤヴェッツ『古代における反ユダヤ思想』五四ページ）。モムゼンは「エステルの書」を史料というよりも、むしろ反ユダヤ思想の古さを物語る一つの比喩的な表現として用いたといえよう。

ユダヤ人のディアスポラは遅くとも、紀元前六世紀後半、ユダヤ人がバビロン捕囚から解放された時からすでに始まっていたわけであるから、紀元前五世紀のペルシャ帝国のユダヤ人がテーマとされる「エステルの書」よりも古い。モムゼンの指摘は、ユダヤ民族が各地へ離散し、他の諸民族と接するようになってから、反ユダヤ的な言動が生まれていったということである。

本書でしばしば紹介してきたユダヤ人史家ヨセフスは、紀元一〇〇年頃著した『アピオーンへの反論』で、ヘレニスト修辞学者で反ユダヤ的なアピオーンに対し、ユダヤ民族、ユダヤ教を弁護し、「われわれユダヤ民族に対する悪口、中傷は、エジプトにおいて始まった」と伝えている（同書一章二三）。

旧約聖書の物語にもあるように、ユダヤ民族とエジプトとの関係はきわめて古い。ディアスポラと化したユダヤ人は、早くからエジプトに住みつくようになり、そこの王朝に仕えたり、婚姻関係などを通してエジプトの社会生活によく溶け込んでいた。そしてアレクサンドリアを中心に、エジプトはディアスポラ・ユダヤ人最大の集住地として発展していったのである。紀元前三世紀に旧約聖書のギリシャ語訳がアレクサンドリアで成立したのも、そこの数多いヘレニスト・ユダヤ人のためであった。そうしたユダヤ人が数多く存在したエジプトで、反ユダヤ的な動きが生まれたと伝えるヨセフスの言及には、うなずけるものがある。一つの実例を挙げておくことにしよう。

二〇世紀の初め、エジプトのエレファンティネ（ナイル河中流域アスワンの近く）で発見された数百のパピルス断片と陶片（オストラカ）は、最古のユダヤ人を知る上で、旧約聖書の伝承に次いで貴重な資料とされる。その中のアラメオ語パピルス断片（No.30と31）には、紀元前四一一年にエレファンティネのシナゴーグがエジプト人によって徹底的に破壊されたことが詳細に伝えられている。紀元前五二五年以来、ペルシャ帝国の支配下にあったエジプトにおいて、ユダヤ人はその支配に同調していたが、それを快く思わないエレファンティネの神官と人民が怒りを爆発させ、蜂起してシナゴーグを襲撃した。その背景には、ユダヤ人住民の周囲に同化しようとしない、律法の民としての異質な存在に対する反感が日常的にあり、それが政治問題を機に爆発したのである。紀元前四一一年におけるシナゴーグの破壊を伝えるそのパピルス断片は、反ユダヤ的動きを伝える最古の証言に属するものといえる。

そして紀元前四〜前三世紀以後、エジプトでは地元民とディアスポラ・ユダヤ人の対立や反ユダヤ的な主張や傾向があったことが、しばしば伝えられている。特にギリシャ語を話すディアスポラ・ユダヤ人のために、エジプトで旧約聖書がギリシャ語に翻訳され、モーゼに率いられたユダヤの民がエジプトを脱出したことと、ファラオの敗北の伝承が広まると、それまで共存していたユダヤ人とエジプト人の関係は悪化していった。モーゼによるファラオの敗北の伝承は、地元の人民にとって耐えがたかったからである。そこからモーゼのエジプト脱出説に代わる《ユダヤ人追放説》が生まれていった。

ヨセフスの歴史記述の中に収録されているエジプトの哲学者、アブデラのヘカタイオス（紀元前三五〇頃〜前二九〇）は、《ユダヤ人追放説》をはっきりと伝えている。つまりユダヤ民族がエジプトから出ていったのは、彼らが神に罰せられて業病にかかったからであり、脱出などではなく、追放だったというのである。そこには、決して周囲に同化しようとしない異民族を追放したという、ユダヤ人に対する根深い中傷と反感が隠しがたく表明されている。

ヨセフスはまた反ユダヤ的言動の源泉として、古代社会においてディアスポラ・ユダヤ人最大の拠点であったアレクサンドリアで、ユダヤ人に対する数々の偏見や非難、罪の転嫁などがあったことを伝えている。しかし何といっても、ヨセフスが挙げている最も一般的で、根深い反ユダヤ的言動の要因は、諸民族の中にあって、ユダヤ人自身が堅持している特異な宗教上の律法や掟、儀礼、民族集団としての自己孤立などであった。特に割礼に対する嫌悪、安息日の厳守や特異な食物規定などに対する反感や違和感こそが反ユダヤ的雰囲気や感情を生み出すことになったのである。ヨセフスが伝えているこれらの反ユダヤ的言動の源泉は、先の「エステルの書」が述べているペルシャ帝国におけるユダヤ人憎悪に共通するものがある。

一方、反ユダヤ思想を考察する上で、きわめて重要な視点は、ユダヤ人に対する非難や憎悪、中傷が非常にしばしば彼らに対する《誤解や理解不足》に由来しているということである。

元来、多神教の古代社会にあって、唯一神を信奉し、その律法を厳守し、妥協を許さないユダヤ人の特異な生活形態こそが、古代の諸民族を反ユダヤ的言動へと走らせた主要ファクターだった。そして興味深いのは、古代の反ユダヤ思想から現代のアンティセミティズムに至るまで、各時代の諸事情により主張は異なるものの、反ユダヤ的言動の原因は、いつの時代も同じ要素や類似性、共通条件を持っていたという点において、多くの研究者の見解が一致していることである。つまり律法の教えと掟を守り通そうとするあまり、他の集団から孤立し、周囲に順応しようとしないユダヤ人の生き方そのものが、誤解や理解不足を生む根源となっていったのである。一例を挙げれば、ナチスが好んで用いたスローガン「ユダヤ人はわれわれの不幸だ」という歴史家H・v・トライチュケの発言の内容（この点については拙著『ユダヤ人とドイツ』、講談社現代新書九二ページ以下を参照されたい）を見ると、ヨセフスの述べる古代における反ユダヤ的言動に共通するものがある。

ただし、ここで確認しておきたいのは、古代キリスト教の成立、発展により形成される対ユダヤ人神学は、のちに明白な反ユダヤ思想を生むことになるが、キリスト教成立以前の古代社会においては、一貫した理論に基づく反ユダヤ思想といったものは存在しなかったということである。近代以降のアンティセミティズムが説くような、人種的、経済的（ユダヤ人による経済支配）要因に基づく反ユダヤ思想は、古代社会には見られない。

内部要因

主よ、あなた以外のだれの前にも、
私は、ひれ伏しません。……
私が……割礼のないものと、ほかのすべての異邦人と同居することを、どんなに嫌っているかは、（主よ）あなたがご存じのことです（「エステルの書」四章）。

これから所有する地は……（その地の住民の）忌まわしい行いによって汚《けが》れに満たされている。それゆえ、あなた達の娘を彼らの息子に嫁がせたり、彼らの娘をあなた達の息子の嫁にしたりしてはならない（「エズラ記」九章一一〜一二）。

私は地上のあらゆる人々の中から、あなた達だけを選んだ（「アモスの書」三章二）。

以上のような旧約聖書の諸節に見られるユダヤ民族の自己孤立や、選民思想に裏付けられた内から発する声と意識、固執こそが、他の諸民族から反発を受ける内部要因となった。一九二〇年代の研究者、S・ルリアスは『古代における反ユダヤ主義』の中で次のように記している。

今日と同じように、古代においてもアンティセミティズムは、ユダヤ人の特異な性格、つまり独自の国と言語を持つことなく、国家にも類似する民族の機構を有するということに起因している。

事実、ローマ人もギリシャ人も、どうしてユダヤ人が故国を遠く離れ、各地に散在していながら、民族的な統一を保ち続けられるのか理解に苦しんだ。ローマきっての雄弁家キケロ（前一〇六〜前四三）も、散り散りばらばらで生きているユダヤ人が、ローマ支配下にある全地域から毎年エルサレムのために神殿税としての金を集め、納付しているという実態に驚嘆すると同時に、大いに怒りもしたのである。

ユダヤ人が郷土パレスチナを遠く離れた四散状況の中で、いかにして一つの統一国家的な機能を保つことができるのかは、単にタキトゥスやキケロの問いであったのみならず、しばしば現代に至るまでの問いでもあった。「ユダヤ人の間には、厳しい結束が支配しており、また他の人々に対する敵対心も強い」と（タキトゥス『歴史』五―五―一二）。

多神教の民ギリシャ・ローマ人にとって、イスラエルの神ヤハヴェがその場に同居することは基本的に何ら異存はなかった。しかしその逆、つまりユダヤ人の間に異教の神々が居合わせるということは、ユダヤ人にとって絶対に認められなかったのである。先の引用にもあるように、律法の掟によれば割礼を受けていない者は不浄であり、ユダヤの民はそうした不浄な民と同居し、交際すべきではなかった。彼らは自ら孤立状態を形成していったのであり、その結果として周囲からの怒りや反感の的になったのである。

肉を食べるにしても、その対象となる動物の種類や選定についての複雑な規定があるのみならず、その食べ方にさえ一定の決まりに従った方法があった。律法の掟は、ユダヤ人の信仰生活だけに限らず、彼らの生活全体を規定していたのである。こうした律法の遵守を通したユダヤ人内部の結束と、四散状態にありながら組織化された横の連帯、さらには閉鎖性こそ、宗教的寛容を旨とする古代ギリシャ・ローマ社会の人々には、理解できなかった。一方、ディアスポラ生活の中でヘレニズム文化の影響を受け、ギリシャ語を話すヘレニストになったユダヤ人は数限りなかった。その高度なヘレニズム文化の影響を受け容れながらも、ユダヤ人はその文化を彼らの選民意識や律法の掟に優先させるようなことはなかったのである。

古代ヘレニズム・ローマ世界において、しばしば反ユダヤ的な感情や雰囲気を生み出した要因として、もう一つ指摘しておきたいのは、本書でもすでに触れたが、ユダヤ人がきわめて繁殖力に富む民族で、その数が非常に多く、ディアスポラ生存形態において、何かと目立つ存在であったということである。紀元後一世紀、ローマ帝政初期のユダヤ人人口が七百万～八百万であったという推定がある程度受け容れられるとするなら、当時の大帝国の人口の約一〇パーセントということになろう。これは現在、全世界の人口六十億に対し、ユダヤ人の数は約一千五百万人（ナチ時代におよそ六百万人殺されたとはいえ）で、〇・〇〇二五パーセントであること、またナチ政権が成立した頃（一九三三）のヨーロッパのユダヤ人の人口割合が全体の一パーセント前後であったことを知るなら、古代ローマ帝国時代のユダヤ人の数がいかに多かったかがわかる。まさに驚くべき数であり、ユダヤ人の孤立集団の存在が目立ったとしても、何ら不思議ではない。

ローマ帝政初期の修辞学者D・J・ユヴェナリス（紀元五八／六〇頃～一三〇／一三八頃）が「ユダヤ人は、ローマの法を無視して生きている民だ」と述べているが、そういう反感や拒否反応がローマ人の間に広がる背景はあったのである。

政治的、社会的側面

ユダヤ民族が特別な集団を形成して生活していたとはいえ、ローマ時代における彼らの歴史を政治的側面から考察すると、ユダヤ人はきわめて有能な民であった。その一例は、第一章で詳しく述べた紀元前二世紀のマカベ戦争に見ることができる。

シリア王アンティオコス四世がパレスチナの地でヘレニズム化を強行したことにより、ユダヤ民族はペルシャ時代以来有していた特権、すなわちユダヤ教の儀式や割礼、安息日の遵守などの保障を剝奪され、さらには異教の神々の礼拝まで強制された。こうした迫害への抵抗として起こったのがマカベ戦争であるが、その際ユダヤ人は東方へ勢力を伸ばしつつあった共和政ローマの力に頼ったのである。彼らは、西方の覇者に重さ半トンもある黄金の楯を贈るなどしてローマの盟友としての地位を築き、その立場を巧みに利用して背後を固め、シリア王朝を牽制した。ローマからは何ら軍事的援助を得られなかったが、ユダヤの民は最終的にシリア王朝に勝利し、ローマの了承のもとでヘレニズム世界の真っ只中に独立国ユダを再興して、宗教については完全な自由を勝ち取った。この時の政策的巧妙さは、のちにユダヤ人に対して厳しい態度を示すことになるタキトゥスによってさえも讃えられている。

紀元前一四一年のこの勝利は、民族の神ヤハヴェの加護による奇蹟として、また民族の歴史にとって忘れることのできない出来事として記憶されていった。今日に至るまでユダヤ人が大切にしているハヌカ祭は、このマカベ戦争での勝利、偶像の神々の世界からの解放と清めを祝う日であり、民族の偉大な政治的勝利の日なのである。

しかし、ユダヤ民族にとって忘れられないこの勝利は、周囲のヘレニズム世界にとってはユダヤ民族への怒りを強めさせるものでしかなかった。ギリシャ人上層階級は、強大なローマ支配の手が東方に伸びてきたことを抗しがたい事実として受け容れたものの、シリアの配下にあった小国ユダが、衰退期を迎えていたセレウコス王朝の弱味につけ込み、ローマと結託して民族宗教国家として自立したことは決して許せなかった。しかも、その自由、独立をローマに認めさせてしまうというユダヤ人の巧みな政治的勝利に、ヘレニスト達は憤慨した。

他方、ユダヤ民族がしばしば示す過激で向こう見ずな態度は、ローマ人にとっても脅威となっていった。第二章で見たユダヤ戦争やバル・コホバ戦争におけるローマ帝国に対する徹底抗戦は、絶対に勝ち目がないと知りつつも、終末におけるメシアの到来を信じるがゆえの、無謀ともいえる死闘であった。一部の急進派とメシアへの期待に引きずられ、戦争、反乱を繰り返したユダヤ民族の自暴自棄は、ローマ人の間に危険な民としての強い印象を植え付け、激しい反感と憎悪を生み出す原因となった。

紀元一七五年、エジプト遠征の途中にパレスチナを通過したマルクス・アウレリウス帝は、ユダヤ人を評して、彼が戦った蛮族、マルコマンニ族やクワディ族などと比べても「より反抗的、より不穏な民」(A・マルケリヌス『ローマ史』)であるともらしたことが伝えられている。バル・コホバ戦争終結からすでに三十年が過ぎていたが、瞑想家としても知られるこの哲人皇帝は、帝国の東方で幾度となく反乱を起こし、破滅の危機に瀕しながらも律法の掟にこり固まって生きているユダヤ民族の姿に、理解しがたいものを感じ取ったに違いない。

もっとも、反抗的で危険な民として警戒されながらも、ユダヤ人は巧みな政治的行動により、ローマから数々の特権を保障されるようになる。エジプト征服の際に危機に陥ったカエサルを救ったことで与えられた特権は、初代皇帝アウグストゥスによっても全面的に確認され、全帝国で有効であるとの公布もなされた。その結果、ユダヤ人は帝国各地に散在しながらも、独自の統治者（エトナルクス）、大祭司、長老議会（サンヘドリン）、民族内裁判権などを有し、宗教生活のみならず、社会的、政治的生活においても、一種の民族国家のごとき機能を持つことができたのである。

独自の宗教とその律法の慣習に従って生きることの特権は、古代末期ローマ帝国のコンスタンティヌス帝以降、帝国のキリスト教化が進む過程でも廃止されることはなかった。いわゆる異教の諸宗教や異端諸派が帝国キリスト教化の中で、排斥、禁止、追放などの迫害を受けたにもかかわらず、ユダヤ教だけはその存在を否定されることはなかった。国家権力によりキリスト教化を図り、ユダヤ教を厳しく制限、弾圧したユスティニアヌス帝でさえ、安息日やシナゴーグ所有の保障などの基本的なユダヤ人保護法を奪い去ることはできなかった。

このように、ユダヤ人は選民思想に基づく特異な宗教と律法を持った民として、ローマ世界では特別な扱いを受けていた。とはいえ、すでに本書でも触れたように、ユダヤ人が安息日の厳守などの律法に従って生活する権利は古代ペルシャ時代から容認されていたのであって、ローマ帝国における特権も、優遇というよりはむしろ宗教的寛容を旨とするローマの支配形態の中で、「許さざるを得ない」ものとして許可されていたに過ぎない。ユダヤ人から彼らの民族宗教を取り去ることができないことを知っていたローマの支配者層は、追従と抵抗を繰り返すユダヤ民族を警戒しながらも、宗教生活上の特権を認め続けたのである。

ローマ人がユダヤ民族を特別視していたことは、次の事実にもよく表れている。ローマの英雄はしばしば、「アフリカの征服者（アフリカヌス）」や、「ダキアの征服者（ダキクス）」などの称号を捧げられたが、ユダヤを平定したティトゥス（個人的にもユダヤ人女性と深い関係があった）は決して「ユダヤの征服者（ユダイクス）」とは呼ばれなかった。なぜなら、政治的にユダヤを制圧したとはいえ、ユダヤの地以外の帝国東方一帯に散在していた多数のユダヤ人を何ら征服したわけではなかったからである。

さて、ローマ帝国に対する最後の大掛かりな反乱バル・コホバ戦争以降、ユダヤ民族は、地上の支配者としてのローマ帝国の存在を肯定し、メシアが到来するまで堪え忍ぼうという共存の道を歩むようになり、一方のローマ側も、ユダヤ民族が蜂起や反乱を起こさない限りにおいて旧来の特権を認め、保護する宥和策へと舵を切る。だが、ユダヤ人のローマ帝国に対する政治的な追従と抵抗、また非妥協的孤立主義は、ローマ側の理解不足も手伝って、その後もしばしば反ユダヤ的言動を生んでいった。ただし、それは多くの場合、一時的、あるいは散発的なもので、帝国側の一貫した考えに裏付けられた反ユダヤ思想といったものはなかったといえる。ところが、古代キリスト教の成立、発展により、事情は大きく変わっていくのである。

生かさず、殺さずの運命

ローマ帝国時代におけるキリスト教の成立と発展は、まったく新しいユダヤ人観、それまでの古代社会になかった反ユダヤ思想を生み出すことになる。キリスト教の教えから形づくられたユダヤ人像は、それがキリスト教の教義、すなわちキリストによる人類救済史と密着したものであるがゆえに、消し去ることのできない不動のものとなっていくのである。

「ユダヤ人は待望していたメシアであるキリストの教えに耳を貸さず、かえってイエス・キリストを神の冒瀆者として十字架にかけ、殺してしまった」という主張は、早くも紀元三〇年代における使徒ペトロの説教の中に見られる（「使徒行録」二章）。そして紀元一世紀中頃に著されたといわれる「マテオ福音書」の二七章は、人類救済の御業としてのキリスト受難のくだりを総括し、キリストの十字架刑による死について、ユダヤ人が責任を自認していることを、はっきりと記している。しかもそのキリスト殺しの罪責は、ユダヤ民族の子孫代々にまで降りかかるべきものであることを、ユダヤ人自身が認め、覚悟しているというのである。

ポンティウス・ピラートゥスは、水をとって、群衆の前で手を洗っていった。
「この人の血について、私には責任がない。あなた達が責任をとれ」
人々はみな、「その血は、われわれとわれわれの子孫の上に（かかれ）！」と答えた
（「マテオ福音書」二七章二四〜二五）。

この「マテオ福音書」に見るキリスト受難史は、古代から中世、そして現代に至るまで、反ユダヤ思想、《キリスト殺し》神学の根底、原点を形成している一説である。だが果たして、当時の民衆がローマ総督ピラートゥスの前で、「その責任は、われわれ子孫の上にまで代々及ぶべきもの」と、本当に言ったのか、なぜそんなことまで言わなければならなかったのかは、大いに疑問である。理由もない。

すでに第三章で述べたように、イエス・キリストの死がユダヤ人側の策謀によってもたらされたことは事実としても、死刑の決定を下したのも、それを執行したのもローマ側だったのであり、ユダヤ人は死刑執行権を持っていなかった。しかも、十字架刑はローマ的

な処刑方法でもあったのである。にもかかわらず、ユダヤ人がキリストの処刑責任とその罪を子孫代々にまで及ぶものと自認しているという「マテオ福音書」の叙述は、どうも納得がいかない。後世の教会が反ユダヤ的な考えに基づいて書き込みをした事例はいくつか確認されており、この記述もそのひとつではないかとの疑念は拭いきれない。ユダヤ人の運命を、その後二千年にわたって決定づけたこの問題の一節が、仮に後世の書き込みであったとするなら、古代キリスト教会はユダヤ人に対して、取り返しのつかないことをしたことになる。

さて、「ヨハネ福音書」が成立した紀元一世紀の終わりから二世紀初頭になると、ユダヤ人に対する叱責は一段と厳しくなり、単に救世主キリストを殺した責任を追及するだけでは収まらなくなる。彼らが真理を伝えるキリストの御言葉に耳を貸さなかったのは、ユダヤ人が悪魔を父に持ち、嘘でこり固まっているからだとまで非難している（「ヨハネ福音書」八章四四）。つまりここに至っては、キリスト教会にとってのユダヤ人は根元的に悪の存在とされたのである。キリスト教信仰の原点、聖典である福音書が、こうした偏見に満ちたユダヤ人像を広めたことで、後世のキリスト教世界における否定的なユダヤ人観は決定的なものになってしまった。紀元七〇年におけるローマ軍によるエルサレム占領と神殿の破壊（ユダヤ戦争）は、ローマ帝国にとっての大きな勝利であり、凱旋であるが、キリスト教会にとってのそれは、ユダヤ人に対する天罰であり、宿命としての放浪の始まりなのである。

初代教会が作り上げたこのようなユダヤ人観は、次第にキリスト教徒の間に浸透していき、コンスタンティヌス大帝の時代にキリスト教が公認された頃には、すでに常識となっていた。そして、第四章で詳しく見たように、四世紀以降、キリスト教が政治的勝利への道を歩み始めると、教会側からはユダヤ人に対する厳しい禁止条項などが次々と出されていく。同時にローマ帝国側も、キリスト教皇帝のもとで教会の要求に歩調を合わせ、ユダヤ人に対して律法行為による禁止、制限条項を設けていった。さらに、東ローマ・ビザンツ帝国の時代になると、テオドシウス法典の対ユダヤ人法が皇帝権力によって厳格に定められた。公職からの締め出しや、割礼、婚姻、奴隷所有に関する規制、禁止条項は、東ローマ帝国におけるユダヤ人の立場を非常に狭めることになり、紀元六世紀のユスティニアヌス帝の時代には、西ゲルマン諸国へのユダヤ人の大規模な移動があったことも伝えられている。

ユスティニアヌス帝の対ユダヤ人政策には、キリスト教徒に対するユダヤ人の影響を阻止しようとする意図が鮮明に出ており、教会側もキリスト教徒をできる限りユダヤ人から遠ざけ、引き離そうとする強力な意思を打ち出している。例えば、五三八年の第三回オル

ドイツの都市から追放される
放浪の民ユダヤ人（16世紀）

レアン宗教会議は、特定のキリスト教の祝日におけるユダヤ人の外出禁止すら定めているが（カノン第三〇条）、そこには中世末期から近世にかけて成立、発展したユダヤ人ゲットーを想起させるユダヤ人迫害の思想がすでに明確に表れているのである。

さらに七、八世紀に入ると、ビザンツ帝国や西ゴート王などによるユダヤ人のキリスト教への強制改宗（受洗強制）の試みがしばしば行われ、教会側からも同様の要求がなされるようになる（六九三年第一六回トレド宗教会議）。また、ユダヤ人の子どもで洗礼を受けた者は、親から引き離され、修道院やキリスト教徒の家庭で教育されるべきとの規定も設けられた（六五三年第四回トレド宗教会議）。

ユダヤ教は、異教、異端諸派と違って禁止された宗教ではなく、あくまで許可された宗教として安息日の遵守やシナゴーグでの集会などが許されていた。しかしながら、ユダヤの民は古代末期のローマ帝国と古代教会から幾重にも手かせ足かせをはめられた結果、きわめて厳しい状況下での生存を余儀なくされていった。ビザンツ配下に入ったエデッサ（マケドニア）ではユダヤ人絶滅の意図さえ見られたことは、すでに紹介した通りである。

こうしてユダヤ人は、いくつかの例外を除けば、その存在を禁止されたり、拒否されたりすることはなかったにせよ、数々の規制、禁止、さらには憎悪や偏見の中で生きていかねばならない運命を背負わされていく。キリスト教の真理の証人である《キリスト殺し》の民は、天罰としての流浪の身のまま、永遠に生きていくことを要求されていったのである。

中世の神学思想に決定的な影響を及ぼしたA・アウグスティヌスは、この「生かさず、殺さず」の考え方を巧みに神学思想に組み込んでいった。紀元四一〇年、永遠と謳われたローマが西ゴート族によって掠奪され、帝国滅亡の危機感が広まった時、彼は大著『神の国』を著し、人類の歴史をキリストによる救済史として解釈して、失意に陥った人々を慰め、勇気づけた。その際、この古代教会最大の教父は、キリスト教的救済史におけるユダヤ民族の立場とあり方を、神学的に初めて明確に位置づけた。アウグスティヌスは『神の国』第一八巻においてユダヤ人論を展開し、ユダヤ民族の全世界への四散は、キリスト教の広まりとその真理の証のために神が定めた摂理であると説いている。彼によれば、ユダヤ人の罪業を絶えず意識している教会にとってユダヤの民は「教会の敵」であるが、同時に彼らはキリストの真《まこと》を証明するための「教会の下僕であり奴隷」なのであって、ユダヤ人が祖国なき流浪の民として四散したのも、キリスト教が世界万民に広がり、至るところで発展するために定められたことだという。ユダヤ民族の惨めな状態における生存、存続こそが、教会のための「証」であり、「奉仕」であるとされたのである。

主よ、彼らを殺さないで下さい。それは彼らが、あなたの定めの掟をいつまでも忘れないためです。あなたの力で、彼らを追い散らして下さい（「詩篇」五九の一二を援用したアウグスティヌスのユダヤ人観。H・シュレッケンベルグ前掲書二五八ページ参照）。

アウグスティヌスにとって、「神の国」の実現のためには諸国の民を帰依させる必要があり、そのためにユダヤ人の存続は欠かすことのできないものであった。したがって、ユダヤ人はその罪業にもかかわらず、「神の国」の実現のためには生き続けなければならないとされた。アウグスティヌスは著書の中で、ユダヤ人に対して最終的な改宗と救いへの道を残してはいる。だが、彼らの存在の第一の目的はあくまでも教会への奉仕である以上、四散状態で生き続けることこそが求められたのである。

この思想を受け継いだグレゴリウス一世教皇は、キリスト教徒によるシナゴーグやユダヤ人への攻撃、強制改宗を禁止し、彼らの保護を定めたが、それは単なる保護ではなく、アウグスティヌスの思想を基本にした冷酷な意味での保護であった。グレゴリウス一世教皇は、西ローマ帝国滅亡後、西方においてビザンツ皇帝の総督としての役割を果たすことになるが、その際に打ち出した「ユダヤ人保護」の定めは、後世のキリスト教世界における対ユダヤ人政策の基本となっていった。

ユダヤ民族の「生かさず、殺さず」の悲劇的な運命は、このようにして定まっていったのである。

エピローグ

これまで見てきたように、ユダヤ人はヤハヴェ神を唯一絶対の神とする独自の宗教と、それに基づく律法の厳格な遵守、さらには強固な選民意識ゆえに他民族と相容れず、また誤解や理解不足も手伝って、古代ローマ社会において、しばしば反感や嫌悪感の対象とされ、非難、攻撃を受けてきた。そうしたユダヤ民族の内部要因に加えて、ローマ帝政期になると、反乱や蜂起を繰り返したために、向こう見ずな民、頑固で妥協性のない民族という、政治的な外部要因としての反ユダヤ思想が重なり、新たな反ユダヤ人観が生まれていった。そして、キリスト教の登場とその政治的な勝利の結果、ユダヤ人には《キリスト殺し》の烙印が押され、亡国と放浪の運命は天罰と見なされていく。ローマ帝国時代に成立したこのようなキリスト教的反ユダヤ思想こそが、中世、近代を貫き、現代にまで及ぶ反ユダヤ主義の決定的基盤をなしたのである。

ところで、本書の「ユダヤ人とローマ帝国」というテーマは、現代的課題と決して無縁ではない。そもそも「ユダヤ問題」は、歴史上、現代に至るまで常に登場してきたし、特に二〇世紀にわれわれが体験した想像を絶するユダヤ人の悲劇は、半世紀を経た今日においてさえ、その事後処理ができていないのが実情である。

ちなみに、本書の冒頭で触れた、ナチ政権下で強制労働を強いられたユダヤ人に対する補償金の支払いは二〇〇一年五月三十日にゴーサインが出されたが、ちょうどその日、ミュンヘンの地方裁判所は、車イスに座ったままの病弱なナチの戦犯アントン・マロート（八十九歳）に対し、終身刑の判決を言い渡した。マロートは、ゲシュタポの強制収容所テレジエンシュタットの監視人として、ユダヤ人に対し暴虐の限りを尽くしたとされ、撲殺、射殺などの罪で訴えられていた。被告側はすでに六十年近くも前の事件であり、告訴側の証言や主張に疑問があるとして、上告することを明らかにした。一方、ナチ戦犯追及の手を今なお緩めていない、エルサレムのシモン・ローゼンタールセンターは、マロートに対するこの判決について満足の意を表明した。

また、ローマ法王庁では一九九九年秋以来、カトリック側とユダヤ人側の代表で構成されている委員会が、第二次大戦中に教皇ピオ十二世（在位一九三九〜一九五八）がとった姿勢と政策（捕虜や難民の救済に熱心だった一方で、ナチス・ドイツによるユダヤ人絶滅作戦の存在を知っていながら、ホロコースト阻止の有効な手段を示さなかった）について調査と議論を重ねているが、地上における神の代理者、七億信徒の良心の要《かなめ》たるべきピオ十二世のとった態度は、ユダヤ人委員側からは厳しい批判の的となっている（フランクフルター・アルゲマイネ、二〇〇〇年十一月四日付)。

この報道があった五日後の十一月九日、ベルリンでは一九三八年十一月九日におけるユダヤ人大迫害(水晶の夜)を追悼して、二十万人のデモが組織され、右翼、反ユダヤ主義、外国人敵視などに反対、抗議する大集会が催された。その席上、ドイツ・ユダヤ中央協議会のパウル・シュピーゲル議長は、「外来者を敵視し、追放し、シナゴーグに火をつけ、浮浪者を殴り殺すというのは、ドイツの歴史を一貫する文化ではないのか」という手厳しい発言をした。この発言に対しては、戦後半世紀以上にわたってユダヤ人の要求に譲歩し、償いを続けてきたと考えているドイツ政府の要人達もさすがに憤慨し、「そんな文化的伝統は決してドイツにはない」と反論している(フランクフルター・ルンドシャウ、二〇〇〇年十一月十日付)。そして野党・保守党からも、戦後のドイツはユダヤ人に対する償いのために、すでに一千億マルクもの金額を支出しているとの指摘がなされ、その事実を世論、国際社会にも認識してもらいたい旨の訴えが出された。

こうしたほんのわずかの例を見るだけでも、ユダヤ問題の根深さや複雑さを知ることができる。しかし、金銭的、物的な償いがどれほど行われようと、ユダヤ人に対する人道的な責任は今後も永久に存続していくであろうし、そのことに疑問を差し挟む人はほとんどいないであろう。

ユダヤ戦争によるエルサレム滅亡と神殿の破壊以来、約千九百年もの放浪の末、ユダヤ人は一九四八年にようやく自らの国、イスラエルを建国した。だが、アラブ・パレスチナ側との血で血を洗うがごとき紛争はおさまるどころか、二一世紀に入ってからは逆に激化するばかりで、平和が達成される日がいつになったら訪れるのかはまったく見通しが立たない。彼らはいまだ安住の地すらもてないままなのである。その意味で、ユダヤ人は今なお放浪の継続状態で生きているといえる。また、現在でも世界中に四散しているユダヤ人のことを考えると、彼らのディアスポラは古代ローマ時代と何ら変わることなく続いているのである。

以上のような現代的課題の一端から、古代ローマ時代のユダヤ人を考察するとき、われわれは古代における反ユダヤ思想の起源とその形成、またそれによって定まっていったユダヤ人の歴史的運命をより鮮明に把握することができる。つまり、〝古《いにしえ》〟を通して現代における諸問題の深みを知るだけでなく、逆に現代の論争や問題意識も、古代の史料や証言の理解、解釈のための大きなヒントを与えてくれるのである。

その意味で、本書『ユダヤ人とローマ帝国』は、「古代を通して現代を」「現代を通して古代を」考察するための一助となるはずである。

あとがき

私は昔、日本とドイツであわせて十四年という長い大学生活を送ったせいか、今でも何となく学生気分から抜け出せない面を持っている。フランクフルト大学図書館で若い学生達と肩を並べて勉強していても、何ら抵抗を感じないままやってきた。

ところがある時、図書館の閲覧室で調べものをしている際に、法学部在学中の私の娘が前方に座っているのを見つけて「ギクリ」としたことがある。それ以来、何となく年齢を感じるようになり、大学図書館へ足が進まなくなってしまった。それでも学生の娘を利用して、図書館から五冊、十冊と本を借り出している今日である。

最近、ドイツの大学では定年退職者などをはじめとする年配の大学在籍者が増大しており、セニオーレン講座（高齢者向け講座）すら設けられつつある。第二の人生で勉学の道を歩むということは、「生涯学習」の精神からすればまさに理想的な選択といえよう。しかしこれは、豊かで地味な生活環境と、大学が無料であるというドイツならではのことであり、日本ではなかなか難しいのではなかろうか。

立派な学識と豊かな経験を持った定年退職者が大学に増加すると、教授達もうかうかしてはいられなくなるであろう。加えて、今年（二〇〇一）の五月末、ドイツ政府は将来における大学教授の待遇を、年功序列によらず、業績によって決めることを決議し、ドイツの大学の刷新と活性化を図る方針を打ち出した。今や年齢や経歴だけでは通用しなくなりつつあるのは、企業だけではなく、学問の世界でも同じなのであろう。若い世代に負けないよう頑張りたいと、思いを新たにしている。

本書『ユダヤ人とローマ帝国』は、テーマが大きすぎたため、意を尽くせなかった面も多々あり、叙述内容も荒削りにならざるを得なかった。先学諸氏の御教示、御指導を仰ぎたい。それでも、〝古〟を通して〝現代〟を知るという意味では、読者の皆さんに何がしかの情報を提供できたと自負している。

本書の執筆中、ローマ法王庁教育省次官のヨゼフ・ピタウ師（大司教）は、私のヴァティカン文書館利用を容易にするため、数々の配慮をして下さったのみならず、多忙な中、筆者を宮殿さながらの法王庁次官室に招き、親しく歓談しながら文書館利用上の有益な示唆をいろいろと与えて下さった。ヴァティカン文書館のチェザーレ博士からは、館内の案内ばかりでなく、関係資料、文献についてきわめて貴重な説明を受けた。日本語の文献、資料については、いつもながら友人の佐藤実氏より寛大な援助をいただいた。講談社の鈴木理氏は、今回も忍耐強く筆者を支え、いろいろと配慮をして下さった。また、同社現代新書出版部の髙橋明男氏には本書の校正において、ひとかたならぬご苦労をおかけした。これらの方々に厚く御礼申し上げる次第である。

日本の母は、まもなく八十六歳になろうとしているが、なお、いたって元気である。祖母が百歳以上生きたことを思えば、母にはもっともっと長生きしてほしいと願う今日である。

二〇〇一年九月　初秋

フランクフルト郊外ロートハイムにて　筆者

○Schreckenberg, H., Die Geschichte Adversus-Judaeos-Texte und ihr literarisches und historisches Umfeld (1.-11. Jh.), Frankfurt/M., 1995.
○Rom und Juden, in : Die Bibel und Ihre Welt, Bd. IV, München, 1972.
○Theodosiani Libri XVI cum Constitutionibus, ed. von Th. Mommsen, Vol. I/2, Berlin, 1962.
○The Theodosian Code, and Novels and the Sirmondian Constitutions, von Clyde Pharr, Princeton, 1952.
○Yavetz, Zwi, Judenfeindschaft in der Antike, München, 1997.
○ヨセフス 『ユダヤ戦記』第1巻、第2巻　山本書店　1987年、1988年　新見宏訳
○ヨセフス 『ユダヤ戦記』第3巻　山本書店　1990年　秦剛平訳
○ヨセフス 『ユダヤ古代誌』(1)　新約時代編　山本書店　1993年　秦剛平訳
○フランシスコ会聖書研究所編 『新約聖書』 中央出版社　1969年
○共同訳聖書実行委員会編 『聖書　新共同訳　旧約聖書続編つき』 日本聖書協会　1987年、1988年、1995年
○石田友雄 『ユダヤ教史』 山川出版社　1988年
○小田謙爾 『テオドシウス法典中のユダヤ人関係立法』『史観』第125号　1991年　40—52頁
○A．ジィクフリード 『ユダヤの民と宗教』 岩波書店　1967年　鈴木一郎訳
○弓削達 『ローマ帝国とキリスト教』 河出書房新社　1989年
○大澤武男 『テオドシウス帝の宗教政策』『キリスト教ヨーロッパ史』第1巻　古代所収　中央出版社　1971年　371—404頁

〔参考文献・資料〕

○Antisemitismus, in : Reallexikon der Antike und Christentum, Bd.I, Stuttgart, 1950, S. 469-470.

○Baus, Karl, Von der Urgemeinde zur frühchristlichen Großkirche, in : Handbuch der Kirchengeschichte, Bd. I, 3. Auflage, Freiburg, Basel, Wien, 1965.

○Browe, P., Die Judengesetzgebung Justinians, in : Analecta Gregoriana 7, 1935, S. 109-146.

○Brumlik, Micha, Satanische Verfolger, Gottesmörder oder musealer Rest, in : Der Frankfurter Börneplatz, Zur Archäologie eines politischen Konflikts, Frankfurt am Main, 1988.

○Codex Justinianus, ausgewählt und hersg. von Gottfried Härtel und F.-M. Kaufmann, Leipzig, 1991.

○Gager, John G., The Origins of Antisemitism, Attitudes toward Judaismus in Pagan and Christian Antiquity, New York, Oxford, 1983.

○Graetz, Heinrich, Das Judentum im römischen Reich und unter Islam, in : Volkstümliche Geschichte der Juden, Bd. 3, München, 1985.

○Grosser, Paul E. und Halperin, Erwin, G., Antisemitismus, Causes and Effects, New York, 1983.

○Josephus, Flavius, De Bello Judaico, der jüdiche Krieg, Griechisch und Deutsch, Bd. I-Bd. III, hersg. von Otto Michel und Otto Bauernfeind, München, 1963-1969.

○Klein, Thomas und andere, Judentum und Antisemitismus von der Antike bis zur Gegenwart, Düsseldorf, 1984.

○Leges Novellae ad Theodosianum, ed. von Th. Mommsen, 3. Auflage, Berlin, 1962.

○Maier, Johann, Geschichte des Judentums in Altertum, Darmstadt, 2. Auflage, 1989.

○Noethlichs, Karl Leo, Das Judentum und der römische Staat, Minderheitenpolitik im antiken Rom, Darmstadt, 1996.

○Novum Testamentum, Graece et Latine, Utrumque textum cum apparatu critico imprimendum curavit, Eberhard Nestle, Editio vicesima secunda, Stuttgart, 1964.

○Petuchowski, P., Thoma, C., Lexikon der jüdisch-christlichen Begegnung, Freiburg, 1989.

○Poliakov, Léon, Geschichte des Antisemitismus, Bd. I : Von der Antike bis zu den Kreuzzüge, 2. Aufl., Worms, 1979.

○Schäfer, Peter, Geschichte der Juden in der Antike, Die Juden Palästinas von Alexander dem Großen bis zur arabischen Eroberung, Stuttgart, 1983.

講談社現代新書　1572

ユダヤ人《じん》とローマ帝国《ていこく》

二〇〇一年一〇月二〇日第一刷発行　二〇一四年九月一六日第一五刷発行

著者――大《おお》澤《さわ》武《たけ》男《お》　

発行者――鈴木　哲　発行所――株式会社講談社

東京都文京区音羽二丁目一二―二一　郵便番号一一二―八〇〇一

電話（出版部）〇三―五三九五―三五二一　（販売部）〇三―五三九五―五八一七　（業務部）〇三―五三九五―三六一五

カバー・表紙デザイン――中島英樹

印刷所――凸版印刷株式会社　製本所――株式会社大進堂

（定価はカバーに表示してあります）　Printed in Japan

N.D.C.230　236p　18cm

ISBN4-06-149572-0

「講談社現代新書」の刊行にあたって

教養は万人が身をもって養い創造すべきものであって、一部の専門家の占有物として、ただ一方的に人々の手もとに配布され伝達されうるものではありません。

しかし、不幸にしてわが国の現状では、教養の重要な養いとなるべき書物は、ほとんど講壇からの天下りや単なる解説に終始し、知識技術を真剣に希求する青少年・学生・一般民衆の根本的な疑問や興味は、けっして十分に答えられ、解きほぐされ、手引きされることがありません。万人の内奥から発した真正の教養への芽ばえが、こうして放置され、むなしく滅びさる運命にゆだねられているのです。

このことは、中・高校だけで教育をおわる人々の成長をはばんでいるだけでなく、大学に進んだり、インテリと目されたりする人々の精神力の健康さえもむしばみ、わが国の文化の実質をまことに脆弱なものにしています。単なる博識以上の根強い思索力・判断力、および確かな技術にささえられた教養を必要とする日本の将来にとって、これは真剣に憂慮されなければならない事態であるといわなければなりません。

わたしたちの「講談社現代新書」は、この事態の克服を意図して計画されたものです。これによってわたしたちは、講壇からの天下りでもなく、単なる解説書でもない、もっぱら万人の魂に生ずる初発的かつ根本的な問題をとらえ、掘り起こし、手引きし、しかも最新の知識への展望を万人に確立させる書物を、新しく世の中に送り出したいと念願しています。

わたしたちは、創業以来民衆を対象とする啓蒙の仕事に専心してきた講談社にとって、これこそもっともふさわしい課題であり、伝統ある出版社としての義務でもあると考えているのです。

一九六四年四月　**野間省一**

世界史Ⅰ

日本語・日本文化